Franz-Peter Tebartz-van Elst

Rom mit neuen Augen sehen

Franz-Peter Tebartz-van Elst

ROM
mit neuen Augen sehen

Ein geistlicher Begleiter
durch die Ewige Stadt

Mit einem Geleitwort von
Erzbischof Rino Fisichella

Butzon & Bercker

Den beiden Rektoren
des Pontificio Collegio Santa Maria dell'Anima in Rom,
Hofrat Dr. Franz-Xaver Brandmayr (2008–2020)
und Dr. Michael Max (seit 2020),
sowie der Hausgemeinschaft
in Dankbarkeit für echte Mitbrüderlichkeit
und treue Verbundenheit gewidmet.

Inhalt

Petersdom, Blick vom Gianicolo-Hügel

Zum Geleit

In Rom sprechen sogar die Steine. Nur wer innehalten und genau beobachten kann, ist in der Lage, den Reichtum der Ewigen Stadt und die Stimme, die von ihren Denkmälern ausgeht, zu erfassen. Es ist eine einzigartige Stadt, in der verschiedene und unterschiedliche Epochen schattenlos nebeneinanderstehen. Es gibt das Rom der Kaiser und Päpste, der Konsuln und Kommunen, des Zentrums und der Vorstädte... Rom lässt sich nicht so einfach in ein Schema pressen, denn niemand könnte die Schönheit angemessen beschreiben, die es besitzt.

Diese Einzigartigkeit ist auch eine Verantwortung, das zu bewahren, was einem überliefert ist. Die Frage von Dostojewski taucht immer wieder auf: *„Wird die Schönheit die Welt retten?"* In unserer Zeit, die so chaotisch ist in den Metropolen, die aufgrund des Lebensstils, den sie erzeugen, immer komplexer werden, sollte man die Frage umdrehen und fragen: *„Wird die Welt die Schönheit retten?"* Eine Frage, die für diejenigen, die in einer Stadt wie Rom leben, die mit ihrem überbordenen Verkehr und der für Metropolen typischen Verschmutzung die Schönheit ihrer Bauwerke in den Schatten zu stellen droht, gar nicht so einfach zu beantworten ist.

Rom ist ein Freilichtmuseum. Wohin man auch schaut, man kann ein Stück Geschichte und damit ein Stück Menschlichkeit erhaschen, das etwas lehrt. Es ist gefährlich, sich dies entgehen zu lassen, denn es wäre gleichbedeutend damit, das Geheimnis dieser Stadt nicht zu verstehen, die weiterhin jedes Jahr Millionen von Touristen und Pilgern fasziniert, die – wie von einer unbewussten Faszination angezogen – nach Rom kommen. Um zu verstehen, was mit Rom geschehen ist, muss man in die Via dei Fori Imperiali gehen. Mitten auf der Straße, die in Richtung Kolosseum führt, stößt man auf der rechten Seite, direkt neben der Maxentius-Basilika, auf ein bedeutendes Bild. An der Wand befinden sich vier mehrfarbige Marmorstelen, die die Ausdehnung der Stadt darstellen. Auf der ersten Tafel ist Rom mit einem weißen Punkt markiert, der sich feierlich in den schwarzen Raum um ihn herum erhebt: Dies ist die Zeit seiner Entstehung. Auf der vierten Tafel hingegen sehen wir die Größe des Reiches unter Trajan: Es ist das goldene Zeitalter. Der schwarze Porphyr muss dem Weiß der maximalen Expansion weichen. Diese Realität hat es Rom ermöglicht, zu Recht als *„caput mundi"* bezeichnet zu werden.

Rom weist jedoch auf etwas hin, das über die Geschichte des Römischen Reiches hinausgeht. Einige Texte des heiligen Ambrosius, die gegen Ende der Kaiserzeit verfasst wurden, belegen, dass die Anwesenheit des Christentums kein zufälliges Ereignis war, sondern eine besondere Berufung, die die Stadt annehmen konnte und an die sie sich immer erinnern sollte, weil sie sie mit der Größe prägte, die sie einzigartig macht. Rom trug schon immer die Berufung in sich, *„mater gentium"* und *„communis patria" zu* sein; die Präsenz des Christentums hat der Stadt jedoch auch die Aufgabe übertragen, *„omnium urbium et orbis ecclesiarum mater et* *caput*" zu sein, wie es in der alten mittelalterlichen Inschrift an der Fassade der Laterankathedrale heißt. Rom hat sich diesen Titel verdient, weil es von den Aposteln Petrus und Paulus gegründet wurde, deren Reliquien es treu bewahrt. Diese Präsenz ist unauslöschlich und prägt das Leben dieser Kirche, ohne dass jemals vergessen werden könnte, wer ihr ihren Ursprung gab und zu welchem Preis.

Der vorliegende Band von S.E. Monsignore Franz-Peter Tebartz-van Elst will die Schönheit Roms nachzeichnen und jede Seite zu einer Katechese machen, die es dem Pilger ermöglicht, in die Verdienste des christlichen und kaiserlichen Roms einzutreten. Ein sicherer Führer, der den Pilger durch verschiedene Geschichten und Traditionen durch die römischen Gassen wandern lässt, um dann die großen Basiliken und historischen Kirchen der Stadt zu betreten. Die Originalität dieses Textes bestätigt sich: Den Wert der Denkmäler zu erfassen, ist ein Unterfangen, das nicht jeder begreifen kann, dem die Dimension des Glaubens fremd ist und der sich deshalb kaum der Stadt und ihrer Denkmäler annähern kann.

Das große Jubiläum des Heiligen Jahres, das alle 25 Jahre wiederkehrt, will das christliche Volk an die Notwendigkeit der Umkehr und Vergebung als Frucht der Barmherzigkeit Gottes erinnern. Nur wenige wissen, dass ein Großteil der heutigen Stadt das Ergebnis von Arbeiten zur Vorbereitung der verschiedenen Jubiläen ist. Wer die Ponte Sisto überquert, muss sich daran erinnern, dass sie von Papst Sixtus IV. für das Jubiläum von 1475 gebaut wurde. Derselbe Papst ließ zu diesem Anlass auch die Sixtinische Kapelle errichten und mit ihr das älteste Krankenhaus Europas, Santo Spirito in Sassia, um die Jubiläumspilger aufzunehmen. Der große Komplex von San Michele a Ripa ist auf die Initiative von Innozenz XII. zurückzuführen, anlässlich des Jubiläums von 1700 einen großen Komplex für die Unterstützung der Ärmsten zu schaffen. Wer die Via della Conciliazione überquert, braucht sich nur Fotos vom Anfang des Jahrhunderts anzusehen, um zu verstehen, wie stark in den Gebäudebestand eingegriffen wurde.

Kurz gesagt, Rom hat immer versucht, sich schöner und einladender zu machen, weil es wusste, dass das Jubiläum Millionen von Pilgern anlockte. Dies wird besonders im Jubiläumsjahr 2025 der Fall sein, das der Stadt ein weiteres Merkmal neuer Schönheit verleihen wird.

Man kann also feststellen: Rom hat den Charme einer Stadt, die an verschiedene Epochen und architektonische Stile erinnert, diese aber in einer beneidenswerten Synthese zusammenführt, die ihre eigene Originalität hervorhebt. Die Wiederentdeckung des Glaubens, der so viele Kirchen, Denkmäler, Kunstwerke und Verweise hervorgebracht hat, ist gleichbedeutend mit der Wiedererweckung des Glaubens in so vielen Pilgern, die oft ahnungslos nur bei der Kunst stehen bleiben, ohne den nächsten Schritt zu tun: den hin, dessen Geist sie letztlich hervorgebracht hat.

Diese Seiten begleiten den Leser auf einer katechetischen Ebene, um die verborgene Bedeutung der Denkmäler zu entdecken und so den Glauben, der sie hervorgebracht hat, wiederzubeleben. Der Glaube wiederum hat mehrere Sprachen, die oft nicht so sehr geschätzt werden, wie sie es sollten. Eine davon ist sicherlich die Sprache der Schönheit. Vielleicht ist es die erste Sprache, die man annimmt, wenn man eine Stadt wie Rom besucht, eine Stadt, in der der christliche Glaube und der Glaube der jüdischen Gemeinschaft seit jeher nebeneinander bestehen. Hier ist der Sitz des Nachfolgers des Hl. Petrus, der dafür verantwortlich ist, den Glauben des christlichen Volkes lebendig zu halten und es im Glauben aller Zeiten zu festigen. Dieser Auftrag wird auf verschiedene Weise erfüllt; eine davon ist sicherlich die Sprache der Schönheit.

Schönheit wird so zu einem bevorzugten Mittel, um den Glauben auszudrücken. Der Barock im christlichen Rom sollte die Majestät der göttlichen Herrlichkeit vermitteln. In Rom schufen Bildhauer, Maler, Künstler, Schriftsteller und Musiker ihre besten Werke, weil sie von dem Glauben geprägt waren, der sie inspirierte. Diese Botschaft aufzugreifen und sie wieder zu einem Träger des Glaubens zu machen, ist eine Aufgabe, auf die Rom niemals verzichten kann, ohne ihre Berufung als Ewige Stadt zu verfehlen.

Città del Vaticano,
zur Eröffnung des Heiligen Jahres 2025,
am 24. Dezember 2024

+ Erzbischof Rino Fisichella
Pro-Präfekt in der ersten Sektion
des Dikasteriums für Evangelisierung

Pilger bei der Ankunft in Rom

Zur Orientierung

„Rom geistlich erleben" – das ist eine Herausforderung für die Katechese. Gerade wenn im Heiligen Jahr 2025 besonders viele Pilger in die Ewige Stadt kommen, birgt diese Wallfahrt auch die Möglichkeit, hier in die innere Mitte des christlich-kirchlichen Glaubens vorzudringen und zu verstehen, wie hier so vieles äußerlich auf sie verweist. Rom wird aus guten Gründen auch die „Ewige Stadt" genannt. Diesen Ehrentitel verdankt sie dem Dichter Albius Tibull (55 v. Chr.). In dieser Bezeichnung soll die große Wertschätzung für eine dreitausend Jahre umspannende Geschichte zum Ausdruck kommen.

Die besonderen Bezüge von Epochen und Ereignissen, die diese Stadt hervorgebracht und geprägt haben, erschließen sich dem Besucher, der diese Geschichte mit den Augen des Glaubens betrachtet. Rom als Ewige Stadt vermittelt sich erst, wenn sie geistig und geistlich erkundet wird. Dann kommen über Archäologie und Architektur, Kunst und Kultur Geschichte und Gegenwart in einen Dialog, der zugleich Katechese ist. In diesem Sinn verstehen sich die einzelnen Kapitel dieses Buches als Verkündigung. Sie sind ein geistlich-katechetischer Stadtführer, der die Topographie einer Metropole als Medium der Theologie zu begreifen versucht.

Mit diesen Erschließungen, die gerade Einzelpilger oder kleinere Gruppen an die Hand nehmen mögen, verbinden sich bei einer ersten touristischen Annäherung aber auch Fragen: Handelt es sich nicht nur um museale Repliken, tote Steine, die an vergangene Zeiten erinnern? Oder lässt sich von ihnen aus vermitteln, wie sehr Geschichte Geschichtetes ist und damit in eine lebendige Gegenwart des Glaubens führen kann? Entspricht dem Ausdruck einer beeindruckenden Architektur noch der Eindruck kirchlicher Positur?

Die Selbstverständlichkeit von Bauten und Räumen kann gerade in Rom ein demütiges Selbstbewusstsein vermitteln, das Gott groß weiß und den Menschen zu gottgewollter Größe erhebt. Da verunsichert, verwirrt und verletzt es, wo Kirche die Räume nicht mehr zu füllen weiß und selbst geradezu vorauseilend zurücknimmt, was Gesellschaft und Medien wegnehmen wollen. Wenn nicht mehr groß sein darf, was schön ist, wird der Mensch kleinmütig und angepasst. Populismus fördert einen Pauperismus, der das Außergewöhnliche gewöhnlich machen will und damit den Armen mehr nimmt als gibt.

Die Geschichte Roms lehrt auch: Wenn der Mut fehlt, den Mächten zu widersprechen und zu widerstehen, die Meinungen zum Maßstab und Wogen zur vermeintlichen Wahrheit machen, hat die Kirche verloren – nicht nur die Aufgeregten und Angepassten, sondern vor allem die, die in der Stille mitfühlen und mitleiden; die nicht vor Stimmungen in die Knie gehen wollen; die stehen bleiben, wo andere gehen.

Weil Wahrheit nicht zur Willkür werden darf, braucht es in Wort und Bild Menschen mit Mut zur Kritik an der Kritik. Wo Meinungen alle Methoden zu erlauben scheinen, hat eine Kirche ohne den Willen zum Widerspruch den Anspruch aufgegeben, Anwalt derer zu sein, die nicht Mehrheit und Mainstream sind, denen Recht und Würde genommen wird, die an den Rand kommen – aus welchen Gründen auch immer.

Der Mut zu Räumen, die Menschen in die Mitte holen, die sich im Namen Gottes erheben, wo der zweifelhafte Geist der Zeit niederdrückt, erscheint in Rom als ein Erbe der Geschichte und macht nachdenklich, zu welcher Gegenwart und Zukunft wir als Kirche noch fähig sind. Insofern sind Orte der Geschichte und des Glaubens hier auch Mahnmale. Sie sprechen aus der Vergangenheit in die Gegenwart und wo sie nicht nur mit den Augen von Touristen kunsthistorisch angeschaut, sondern von Pilgern als geistliche Gegenwart entdeckt werden, beginnen sie zu verkünden.

Die in diesem Buch aufgenommenen Kirchen, Orte und Wege Roms werden dementsprechend als Katechese für Pilger erschlossen. Sie zeigen nicht nur, dass Geschichte Geschichtetes ist, sondern offenbaren darin, wie sich der manifestierte Glaube immer wieder neu als Gegenwart erschließt, wo er mit geistlichen Augen angeschaut wird. Es ist der Versuch, die besondere Mystagogie des christlich-kirchlichen Glaubens in der Ewigen Stadt aufzuspüren. Wo der Tourist nur ein Bauwerk aus vergangenen Zeiten mit historischer Bedeutung sieht, will der Pilger dahinterschauen und die Imagination des Unsichtbaren erkennen.

Dieses Buch, sein didaktischer Ansatz und seine katechetische Vermittlung wären nicht möglich, ohne die ideelle und materielle Unterstützung von Menschen, die die Ewige Stadt immer zuerst im Horizont des Glaubens gesehen haben und prägen. Gerade die so aufwendige Produktion einer Publikation von Bild und Text, für die sich dankenswerter Weise der Verlag Butzon & Bercker engagiert hat, konnte nur durch die großherzige Förderung folgender Persönlichkeiten realisiert werden: Ich danke besonders der Fondazione pro Musica e Arte Sacra mit Herrn Senator Dr. h.c. Hans-Albert Courtial und der accredo GmbH unter der Leitung von Herrn Dr. Peter Marx für ihren Beitrag. Mein ausdrücklicher Dank gilt auch Herrn Senator Prof. Dr. h.c. Moritz Hunzinger. Als Delegierter des Ordens vom Hl. Mauritius und Lazarus sowie als Inhaber des Verdienstordens von Savoyen pflegt er vielfältige Verbindungen zu Italien, die nicht nur sein großes geschichtliches Interesse, sondern auch sein förderndes Engagement für die vorliegende Publikation erklären.

Kritische Korrekturen und weiterführende Kommentare hat besonders meine Schwester, Dr. Anne Tebartz-van Elst, durchgeführt, wofür ich ihr sehr verbunden bin. Die so kompetente wie angenehme Zusammenarbeit bei der Erstellung dieses Buches mit Frau Heide Rose vom Lektorat des Butzon & Bercker-Verlages möchte ich ebenso in großer Dankbarkeit erwähnen. Die Zusammenführung von Text und interpretierendem Bild ist hier mit besonderer und einfühlsamer Sorgfalt erfolgt.

Orte brauchen immer Advokaten, damit Traditionen nicht als Staub der Vergangenheit gesehen werden, sondern sie sich in dem Sinn anschauen und begreifen lassen, wie es der polnische Philosoph Jaroslav Pelikan einmal zum Ausdruck gebracht hat: *„Tradition, das ist* *für Christen nicht der tote Glaube von Lebenden, sondern der lebendige Glaube von und für Verstorbene."* In diesem Sinn versteht sich dieser geistliche Romführer als eine Katechese, die Orte zum Sprechen bringt und Bilder zum Verweilen vermittelt. Möge er dazu beitragen, dass das Heilige Jahr 2025 und jeder Besuch in Rom darüber hinaus zu einer Wallfahrt nach innen wird.

Rom, zum 25. März 2025,
dem Hochfest der Verkündigung des Herrn

+ Dr. Franz-Peter Tebartz-van Elst
Kurienbischof
Delegat für Katechese im Dikasterium
für Evangelisierung

Zum Gebrauch

Der hier vorliegende geistliche Begleiter ist kein Reiseführer für Rom im üblichen Sinn. Er greift jene Orte auf, die Pilger im Heiligen Jahr und darüber hinaus besuchen, wenn sie in die Ewige Stadt kommen. Jedes Kapitel steht damit für sich und doch gibt die Gesamtstruktur des Buches zu erkennen, wie geistliche Orte hier aufeinander bezogen sind. In der Ewigen Stadt hat die katholische Kirche ihre eigentlichen Wurzeln. Vom Abendmahlssaal in Jerusalem sind die Apostel Petrus und Paulus nach Rom gekommen, um hier das Evangelium zu verkünden und als Zeugen für Jesus Christus zu sterben. Ihr Martyrium hat in der Ewigen Stadt dem Glauben eine „innere“ und „äußere“ Gestalt gegeben. Viele Kirchen sind dort gebaut worden, wo die Apostel Spuren hinterlassen haben.

Geistlich und katechetisch zu ergründen, wo und wie Kirche lebt, ist das Anliegen dieses Buches. Weil Pfingsten der Geburtstag der Kirche ist und mit ihm in die Welt kommt, was Weihnachten begonnen hat und an Ostern zum Ereignis und Geheimnis unserer Erlösung geworden ist, nehmen die einzelnen Beiträge Bezug zum Kirchenjahr. Sie erschließen und vertiefen an Orten, was die Kirche in ihren Festen begeht, und – durch das jeweilige Fest betrachtet – bekommt die einzelne Stätte ihre unverwechselbare Botschaft. Denn in den Augen des gläubigen Pilgers gewinnen Orte ein anderes Ansehen. Seine Weise der Annäherung an heilige Stätten verdient eine eigene katechetische Aufmerksamkeit, die in einigen Kapiteln direkt, in anderen implizit bedacht wird.

Berücksichtigt man zudem, dass in den Jahren der Covid-Pandemie der Zutritt zu diesen Orten in Rom nur beschränkt oder gar nicht möglich war, ist jetzt der geistliche Besuch weniger eine Selbstverständlichkeit als ein großes Geschenk. Um im Lesefluss diese Annäherung nicht aufzuhalten, und noch mehr, um die gläubige Dynamik in der geistlichen Vertiefung nicht zu unterbrechen bzw. davon abzulenken, verzichtet der Text bewusst auf die Angabe von Anmerkungen.

Ein geistlicher Begleiter durch Rom ist kein Buch, das die Welt flieht. Es berührt und behandelt auch Aspekte, die gegenwärtig vielerorts diskutiert werden, wenn es um die Zukunft der Kirche geht. Indem es nicht eine Meinung neben eine andere stellt, sondern vom Ursprung her zu verstehen und zu bedenken versucht, wo und wie unser Glaube gewachsen ist, will es Platzhalter für das je Größere sein und identifiziert deshalb auch in Minderheiten bisweilen einen verborgenen Mehrwert. So kann „unterwegs" zu einzelnen Orten, die auch ausgewählt besucht und bedacht werden können, der innere Zusammenhang unseres Glaubens aufleuchten und den Pilger in eine Geschichte einweben, die ihn selbst trägt – Schritt für Schritt.

Blick auf den Vatikan

Hinführung: Pilgerschaft und Glaubenskraft

Von Deutschland nach Italien zu reisen, ist für Nordlichter schon immer ein Sehnsuchtsziel gewesen. Bedenkt man, mit wie viel Huldigung der Ewigen Stadt Reisende des 19. Jahrhunderts ihre Ehrerbietung den Traditionen, der Kultur und dem Klima, den Bauwerken und dem Lebensstil Italiens gegenüber aufbrachten, wird umso nachvollziehbarer, dass man hier vieles wähnte von dem, was man zuhause vermisste.

Als Pilger nach Rom zu kommen, verläuft in dieser Spur und ist doch auch anders. Im Zentrum der Weltkirche mit ihrer Vielsprachigkeit einerseits und ihrer italienischen Leichtigkeit andererseits angekommen, lernt so mancher Wallfahrer aus Deutschland sich und seine Sichtweisen zu relativieren. Was zuhause so absolut erscheint, wird in ein größeres Ganzes eingeordnet. Dann ist es auch die Befreiung, dass nicht „am deutschen Wesen die Welt genesen wird", sondern die Vielfalt in Einheit und Einheit in Vielfalt das eigentliche Lebensprinzip der Kirche ist. Eine Wallfahrt nach Rom mit seinem italienischen Ambiente fördert diesen Lernprozess in kognitiver und in affektiver Hinsicht.

Pilgern ist entsprechend Beten mit dem ganzen Leib, mit Kopf und Herz, mit Händen und Füßen. „Der wahre Ausdruck unseres Glaubens" – so hat es Papst Benedikt XVI. einmal gesagt – „ist das Gebet." Nicht, dass wir Gott informieren müssten über das, was wir brauchen, sondern mehr, dass wir uns ihm anvertrauen – so wie es die Hl. Mechthild von Magdeburg einmal sagte: „O Gott, ich bete mich in Deine Hände!" Sich Gott anzuvertrauen, ist die wahre Hingabe des Herzens, die Pilgernde anders heimkehren lässt, als sie in Rom angekommen sind. Hier begreift man: Wer aufhört zu beten, verliert den Glauben – und hier erlebt man: Wer wieder anfängt zu beten, findet ihn. Wer eine Wallfahrt nach Rom unternimmt, begibt sich auf diese Schwelle.

Wege suchen – Ziele finden

Auf der Schwelle zur Horizonterweiterung

Von Anfang an sind Jerusalem und Rom die bevorzugten Pilgerziele von Christen, wenn sie sich auf den Weg machen. Rom, die „Ewige Stadt", fasziniert – Touristen und Pilger. Schon Goethe hat in seinem italienischen Tagebuch seine Anreise in diese Stadt beschrieben. Auf der Piazza del Popolo traf er ein – wie damals fast alle Rombesucher. Schon von weitem hatte man immer wieder voller Faszination die Silhouette Roms gesehen, unterwegs die Kutsche verlassen, um sich zu Boden zu werfen und sich in Bewunderung der großen Geschichte hier anzunähern. Über die Via Flaminia kam Goethe an und schrieb gleich nach seiner Ankunft am 1. November 1786: „Wenn man so eine Existenz ansieht, die zweitausend Jahre und darüber alt ist, durch den Wechsel der Zeiten so mannigfach von Grund auf verändert – und doch noch derselbe Boden, derselbe Berg, ja oft dieselbe Säule und Mauer und im Volk noch die Spuren des alten Charakters, so wird man ein Mitgenosse der großen Ratschlüsse des Schicksals. (...) Und dieses Ungeheuere wirkt ganz ruhig auf uns ein, wenn wir in Rom hin- und hereilen (...). Anderer Orten muss man das Bedeutende aufsuchen, hier werden wir davon überdrängt und überfüllt."

Was der aus Deutschland geflohene Dichter hier wahrnimmt, gilt bis heute – und nicht nur für Touristen, sondern auf ganz besondere Weise für Christen, die als Pilger kommen. Die Begegnung mit den Aposteln Petrus und Paulus, ihr Martyrium für Christus weckt in den Wallfahrern den Wunsch, so wie sie im Glauben und im Leben feststehen zu können; nicht den Meinungen, Mehrheiten und Medien zu folgen, sondern Christus zu suchen und bei ihm zu stehen.

„Pilgern" ist immer noch – oder mehr denn je – populär, aber doch mehr singulär; nicht im Verbund und nicht so sehr in einst vertrauter Verbindlichkeit. Was hat Menschen früher bewegt; was bewegt sie heute, als Pilger nach Rom aufzubrechen? Was bleibt von der Kirche, die hier so große Geschichte in Bauten und Personen geschrieben hat, wenn sich so vieles wandelt? Eine Wallfahrt nach Rom ist – anders als eine Urlaubs- oder Studienreise – die Berührung mit Zeugnissen des Glaubens, die Begegnung mit sich selbst und dadurch ein Weg, der drei Weisungen bereithält.

Den Lebensraum im Glauben ausschreiten

Das verwirklicht der Christ als Pilger in Rom. Von der Piazza del Popolo kommt man schnurstracks in das Zentrum des alten Rom. Hier muss man laufen, auch wenn abends die Beine von den vielen Wegen wehtun. Hier geht man über geschäftige Straßen und durch kleine Gassen. Hier sieht man großen Reichtum und bittere Armut, prachtvolle Bauten und Menschen ohne ein Dach über dem Kopf. Hier folgt man als Pilger so manchen Touristenströmen und geht doch in einer anderen Spur. Hier sieht man unzählige Kirchen, deren Kostbarkeiten die Bereitschaft von Menschen zu allen Zeiten zeigen, geben zu wollen.

Mancher Ort kann in seiner wechselhaften Geschichte nicht die Opfer verschweigen, die er – personell und materiell – gefordert hat. Hier halten Pilger ein und mancher nimmt im Gedenken die mit, die man sich vorgenommen hatte, zu begleiten. Man lässt sich von denen ziehen, die vor einem gehen, und man wird hier mitgetragen von Gebeten, die bei Gottesdiensten mal lauter, mal leiser über die Lippen kommen.

Pilgerwege in Rom sind immer auch ein Ausschreiten des alltäglichen Lebensraumes im Glauben und in Gemeinschaft. Sie sind ein Hinabsteigen in die Geschichte, um an den Anfang zu kommen, um wieder aufsteigen zu können. Geschichte ist Geschichtetes, das sieht man hier in der Kirche San Clemente, wo man auf das ursprüngliche Niveau der Stadt Rom bis zu einem Mithras-Heiligtum vordringen kann, neben dem sich dann eine erste christliche Hauskirche, eine darüber befindliche Basilika und schließlich die Oberkirche in jener Ausgestaltung findet, die das Zweite Vatikanische Konzil schon vor 60 Jahren angeregt hat, in der Reform der Liturgie, sich diesem Anfang wieder anzunähern: Erneuerung aus dem Geist des Ursprungs! Das ist Pilgern!

Wallfahrt ist Glauben im Alltag; ein Beten mit den Füßen, bei dem die Seele oft nachkommen muss. Nicht selten ist es der Abstand zur Heimat, der mit neuen Augen und einem veränderten Blick dorthin schauen lässt. Abstand kann eine neue Nähe bewirken. Wallfahrt ist manchmal auch heilsame Ablenkung, um innerlich einen neuen Standpunkt zu finden, der gerade dem eigenen Standort treu bleibt, ohne ihm zu entfliehen. Auch in diesem Sinn gilt das Wort von Martin Buber: „Der Mensch wird des Weges geführt, den er wählt!" – und lässt ihn einen weiteren Schritt tun:

Pilger auf dem Petersplatz

Den Kreuzweg in Passion gehen

Mehr als „sightseeing" ist für den Pilger der Weg zum Kolosseum – sozusagen ein Katzensprung von San Clemente bis dahin. Dort betet der Papst jedes Jahr am Karfreitag den Kreuzweg. Dort wird an die erinnert, die als Christen ihr Leben lassen mussten, als es nicht opportun war, in der Gesellschaft für den Glauben an Christus einzustehen.

Paulus, der in Rom sein Leben für ihn gibt, schreibt hier an seinen Schüler Timotheus: „Mein Sohn! Ich werde schon geopfert und die Zeit meines Aufbruchs ist nahe. Ich habe den guten Kampf gekämpft, den Lauf vollendet, die Treue bewahrt" (2. Tim 4,6–7). Der Apostel stellt sich hier in Rom dem Kreuz! Er tut es mit Worten, die uns berühren und hier begreifen lassen: Nur wer fühlt, was er sieht, begreift, wohin österlicher Glaube führt.

Da gibt es dann Schritt für Schritt mehr Identifikation mit dem Kreuz im eigenen Leben und in den Biografien der anderen, die wir mitgenommen haben. Es ist die bisweilen nicht leidfreie Erkenntnis, dass Pilgern auch Passion sein kann. Was Leiden schafft – für Gott und die Menschen –, bewirkt Leidenschaft, Hingabe in Freiheit und Zuversicht aus der Konfrontation mit Grenzen, weil Gott gibt, was wir dafür brauchen. Die Kraft, neu anzufangen oder weiterzugehen, kommt von ganz unten, wo Jesus dreimal unter dem Kreuz zusammengebrochen ist, um von dort nach oben zu schauen und ein drittes in den Blick zu bekommen:

An der Schwelle zum Himmel ankommen

Zu einer Wallfahrt im Heiligen Jahr gehört, dass in den Patriarchalbasiliken Roms die Heilige Pforte geöffnet wird und die Pilgernden über diese Schwellen in einen Kirchenraum treten, der an allen Orten wie ein Abbild des Himmels erscheint. So eingestimmt in den Petersdom einzuziehen und in das prachtvolle Gewölbe zu schauen sowie den mächtigen Bronze-Baldachin über dem Altar mit dem darunterliegenden Petrusgrab zu sehen, vermittelt manchem Wallfahrer, an der Schwelle des Himmels angekommen zu sein. Gerade Chorsänger wissen: Mehr als Worte sagt ein Lied; und jeder Pilger entdeckt in der Ewigen Stadt: Mehr als Predigten zeigt ein Bild.

Bei einer Konferenz mit den kanadischen Bischöfen in Ottawa erzählte der Bischof von Hamilton (am Ontario-See gelegen) eine Begebenheit, die alle sehr berührt hat: Der frühere katholische Erzbischof von London, Basil Kardinal Hume, der in seinen letzten Lebensjahren schwer an Krebs erkrankt war, wurde von der inzwischen verstorbenen britischen Königin Elisabeth II. (die auch das hochgeschätzte Staatsoberhaupt Kanadas war) noch einmal zu einer Audienz eingeladen. Man hatte dafür alles auf Schloss Windsor vorbereitet, um den Besuch für ihn angesichts seines Gesundheitszustandes so leicht wie möglich zu machen. Ein Raum nahe dem Entree sollte ihm den beschwerlichen Treppenaufstieg ersparen. Als die Queen dann den Raum betrat und ihn begrüßte, stellte sie die Frage: „Eminenz, können Sie sagen, wie es mit dem Sterben ist?" Der Kardinal schwieg eine Weile und sagte dann: „Es ist, als sitze ich in der ersten Reihe eines feinen Theaters – und plötzlich geht der Vorhang auf ...!"

Zur Wallfahrt gehört auch, dass man ans Ziel kommt. In Rom anzukommen und hier zu verweilen, vermittelt etwas davon. Für den im Glauben gewandelten Pilger besteht es darin, den eigenen Lebensraum im Glauben auszuschreiten, den Kreuzweg in echter Passion zu gehen und hier schon an der Schwelle des Himmels stehen zu meinen. Das ist Aufbruch, Umbruch und Anbruch.

In diesem Sinn passt für den Pilger das Wort des Malers Pablo Picasso, das über viele Jahre in einem Museum in Münster an die Wand geschrieben war:

„Ich suche nicht – ich finde.
Suchen ist das Ausgehen von alten Beständen
und ein Findenwollen von bereits Bekanntem.

Finden, das ist das völlig Neue.
Alle Wege sind offen,
und was gefunden wird, ist unbekannt.
Es ist ein Wagnis, ein heiliges Abenteuer.

Die Ungewissheit solcher Wagnisse
können eigentlich nur jene auf sich nehmen,
die im Ungeborgenen sich geborgen wissen (...)
die sich vom Ziel ziehen lassen
und nicht das Ziel selbst bestimmen."

Das ist wahre Pilgerschaft! Auch wenn sie in manchem Besichtigungsstress und in der Freude an der italienischen Kunst und Küche manchmal etwas in Vergessenheit geraten könnte: Nach Rom zu wallfahren, zeigt, wohin unsere Lebenspilgerschaft uns bewegen will: „dass der Mensch an sein Ziel kommt!"

Transalpin und universal

Auf dem Weg zu einer weltkirchlichen Synodalität

Natur und Wetter legen es im gerade ausgehenden Jahr in Rom nahe, zu sagen, was ein Sprichwort meint: „Auch der Herbst hat schöne Tage!" Gemeint ist nicht nur der „Ottobrate Romane" – der goldene Oktober in Rom. Wenn die Vegetation anfängt, ihre Farbe zu wechseln, die alles zunächst im herbstlichen Sonnenlicht eher goldgelb und reif erscheinen lässt, wissen wir doch auch, was im November darauf folgt. Wenn dann alles morbid wirkt, wird die Vergänglichkeit zum Thema. Dann scheinen die schönen Tage vergessen und was wir sehen, wird zum Bild für anderes. Vergänglichkeit verbindet sich nicht selten auch mit dem Eindruck der Vergeblichkeit. „Frustra", so die lateinische Vokabel, die unser Wort von der Frustration hervorgebracht hat.

Was sich derzeit in Gesellschaft und Wirtschaft als Stimmung breitmacht, legt sich auch bei nicht wenigen auf das Gemüt, wenn sie auf die Kirche schauen. Austrittszahlen, Missbrauchsmeldungen, die ewige Diskussion um Reizthemen; all das zieht manche herunter, die im Herzen glauben und kraft dieses Glaubens nach oben und nach vorne schauen wollen. Als in Rom im Jahr 2023 die große Weltsynode begann, hatten viele – gerade in Deutschland – das Bild einer morbiden Kirche vor Augen, in der manches eher herunterzieht als aufrichtet.

Weil Christen nicht ohne Kirche glauben und leben können, suchen sie Orientierung. Zu allen Zeiten war die Kirche angefochten und das auszuhalten, hat den Glauben immer wieder auf die Probe gestellt. Inmitten gesellschaftlicher Zerrissenheiten, in denen Polarisierungen immer zunehmen, scheint die Kirche selbst in den Strudel geraten zu sein, der nicht ohne Sorge fragen lässt: Was bleibt, wenn so vieles sich verändert oder gar vergeht?

Schon in der Antike sind es die Kirchenväter, die ein Bild prägen, das tröstet. Sie vergleichen Christus mit der Sonne und die Kirche mit dem Mond und sagen: So wie der Mond das Licht von der Sonne erhält, gewinnt die Kirche ihr Licht von Christus. Und wie im Lauf der Zeit der Mond immer wieder abnehmen muss, um neu aufgehen zu können, muss auch die Gestalt der Kirche im Lauf der Geschichte immer wieder abnehmen, um neu aufgehen zu können, um schließlich – wie der Vollmond – wieder kräftiger leuchten zu können. In dieser Perspektive tut sich eine dreifache Blickrichtung auf, die auch in scheinbarer Finsternis um das bleibende, aber oft verborgene Licht weiß.

Wer nur sieht, was weniger wird, verkennt, was neu wird

Man sagt bisweilen: „Wenn alles so bleibt, wie es ist, bleibt nichts, wie es ist; es wird weniger!" Das klingt defätistisch! Sich mit Parolen auszustatten und sich im Stimmungstief einzurichten, ist immer leichter, als die Fackel der Hoffnung hochzuhalten. So wie man landläufig sagt: „Ich fürchte den Leser eines Buches!", greift immer mehr eine Komplexitätsverweigerung um sich. Wer immer schon alles besser wusste und genau weiß, was sich ändern muss, erweist der Kirche wahrscheinlich den gleichen Bärendienst wie jemand, der sich gegen jegliche Erneuerung wehrt.

Von Anfang an ist es das Bewusstsein der Hl. Schrift, das im „Weniger" das „Mehr" enthalten sieht: Der Philipperbrief des Neuen Testamentes weist in die Blickrichtung, in die nur schauen kann, wer in den Spuren Jesu geht. Der Apostel Paulus weiß seit seinem Zusammenbruch vor Damaskus, wovon er spricht, wenn er sagt: „Wenn es also eine Ermahnung in Christus gibt, einen Zuspruch aus Liebe, eine Gemeinschaft des Geistes, ein Erbarmen und Mitgefühl, dann macht meine Freude

Papst Franziskus auf der Benediktionsloggia des Petersdoms

vollkommen, dass ihr eines Sinnes seid, einander in Liebe verbunden, einmütig, einträchtig, dass ihr nichts aus Streitsucht und nichts aus Prahlerei tut. Sondern in Demut schätze einer den anderen höher ein als sich selbst. Jeder achte nicht nur auf das eigene Wohl, sondern auch auf das der anderen. Seid untereinander so gesinnt, wie es dem Leben in Christus Jesus entspricht" (Phil 2,1–5).

Diese Worte sind Gewissenserforschung! Sie mahnen nicht nur zu mehr Eintracht in der Kirche als Zeichen für die Welt. Sie entlarven in ihr auch die Selbstbezogenheit mancher, die in der Öffentlichkeit gut dastehen wollen und dabei immer zuerst sich im Blick haben. Der Weg der Kirche in den Spuren Jesu durch die Zeiten ist aber ein anderer. Wer Maß nimmt an Jesus Christus selbst, wird vertraut mit dem heiligen „Weniger", denn „er war Gott gleich, hielt aber nicht daran fest, Gott gleich zu sein, sondern er entäußerte sich, und wurde wie ein Sklave und den Menschen gleich; (...) er erniedrigte sich und war gehorsam bis zum Tod, bis zum Tod am Kreuz" (Phil 2,6–8). Dieser Philipperhymnus macht der Kirche Mut, in scheinbarer Minderheit einen nachhaltigen Mehrwert zu sehen. Vielleicht ist es das, was der Prophet Jesaja dem Volk Israel nach der Zerstörung des Tempels in der babylonischen Gefangenschaft zuruft: „Siehe, nun mache ich etwas Neues. Schon sprießt es, merkt ihr es nicht?" (Jes 43,19a).

Auch wenn wir es noch nicht sehen können, gewinnen wir doch zunehmend die Einsicht: Nicht Satzungen und Sitzungen retten den Glauben, sondern nur ein Hören in

Gemeinschaft; und damit ein Zweites, das der Kirche helfen kann, Umkehr und Erneuerung zu finden.

Wer zusammen hört, gehört zusammen

Papst Franziskus hat immer wieder die Kirche dazu aufgerufen, das echte Hören zu lernen. Er sagt: „Nur wenn man den Monolog hinter sich lässt, kann man jenen Zusammenklang der Stimmen erreichen, der Garantie für eine echte Kommunikation ist." Sein ganzes Pontifikat ist durchzogen von der leidenschaftlichen Einsicht, dass mancher Monolog nicht mehr als Machtgebaren ist. Stattdessen wird er nicht müde, für einen Dialog zu werben, von dem er sagt, dass er nicht mit einem hitzigen Meinungsaustausch verwechselt werden darf, „der nicht selten durch nicht immer zuverlässige Medieninformationen beeinflusst wird". Und dann seine Schlussfolgerung: „Das sind nur parallel verlaufende Monologe, die vielleicht durch ihren lauten, aggressiven Ton die Aufmerksamkeit anderer auf sich ziehen. Monologe" – so der Papst – „verpflichten niemanden, sodass ihr Inhalt nicht selten opportunistisch und widersprüchlich ist" (Fratelli tutti, 200).

So zusammen hören, dass wir als Christen neu erfahren, dass wir zusammengehören, ist wahre Synodalität und – wie Papst Franziskus nicht aufhört zu betonen – kein Parlamentarismus, der den anderen nur auf die eigene Seite ziehen will. Echte Synodalität geschieht nur, indem „eine solche Entwicklung zum Dialog stattfindet. Denn in einem wahren Geist des Dialogs wächst die Fähigkeit, den Sinn dessen zu verstehen, was der andere sagt und tut, auch wenn man es nicht als eigene Überzeugung für sich übernehmen kann. Auf diese Weise wird es möglich, aufrichtig zu sein und das, was wir glauben, nicht zu verbergen" (Fratelli tutti, 203).

In der Ohnmacht dieser Welt zusammen zu hören, kann zu einem Zeichen für die Welt werden, dass wir zusammengehören. Abnehmende Kirchlichkeit in säkularer Welt auszuhalten – Minderheit zu sein, weil wir um den Mehrwert unseres Glaubens wissen und Licht am Ende des Tunnels sehen: Diese Zukunft wird uns nur in einer dritten Haltung zuteil.

Wer den anderen höher einschätzt, macht sich selbst größer

Der Apostel Paulus weiß um diese Wirkung seines Satzes im Philipperhymnus. So wie es jedem Christen aufgegeben ist, sich in Entäußerung einzuüben, wird sich die Kirche mit ihrem Herrn immer wieder in seine Erniedrigung hineingeben müssen. Diese Freiheit macht groß! Diese Haltung eröffnet neue Räume. Diese Hingabe richtet auf. Zu allen Zeiten lebt die Kirche vom Zeugnis derer, die diesen Weg gegangen sind und die uns sagen: Es geht!

Der Apostel Paulus schreibt die Sätze des Philipperbriefes mit gefesselten Händen – im Gefängnis. Er macht uns Mut, wenn er daran erinnert: „Ich habe

Kuppel von Sankt Peter

gelernt, mich in jeder Lage zurechtzufinden. Ich weiß Entbehrungen zu ertragen (...). In jedes und alles bin ich eingeweiht (...). Alles vermag ich durch ihn, der mich stärkt" (Phil 4,11–14).

Kurz vor seiner Hinrichtung durch die Nationalsozialisten schreibt der Jesuit Alfred Delp in einem Brief an sein Patenkind:

„Das Eine sollen wir immer wissen:
Jeder Segen, der über uns gemacht wird,
jedes Kreuz, das über uns gesegnet wird,
jede Weihe, die von Christus über uns gesprochen wird,
ist immer eine Weihe aus dem ganzen Christus,
der uns auf sein Schicksal und auf seine Wirklichkeit bindet und verpflichtet.

Dieses sein Schicksal ist Erde und Geschichte
und Aushalten, ist Einsamkeit
und Golgotha und Kalvaria;
aber auch Sieg und bereits Sieg und immer schon Sieg."

Karl Leisner, der zur gleichen Zeit für die Freiheit der Kirche und die Zukunft der Jugend sein Leben hingibt, sagt es so: „Victor, quia victima – Sieger, weil geopfert!"

Das Paradoxe unseres Glaubens ist der Schlüssel zum Leben. Im scheinbar abnehmenden Licht um die österliche Morgenröte zu wissen, lässt uns aushalten und hingeben, feststehen und gehen. Oder wie die Kirche in ihrem Abendgebet spricht: „Wenn uns die Sonne untergeht und Finsternis den Tag beschließt, kennt unser Glaube keine Nacht. Im Dunkel geht Sein Licht uns auf." Wenn die Tage im Oktober kürzer werden und mehr Wallfahrer als zu anderen Zeiten des Jahres nach Rom pilgern; wenn die Dunkelheit zunimmt, wissen wir Christen auch in den schönen Farben des Herbstes, dass nach dem Winter der Frühling kommt. Wo die Kirche scheinbar am Boden liegt, richtet jene Gewissheit auf, um die man gerade in der Welt der Landwirtschaft weiß: „Auch im Winter wächst die Saat!"

Brunnen auf der rechten Seite des Petersplatzes

Benvenuto a Roma

In Rom als Pilger ankommen, bedeutet, die Stadt aus unterschiedlichen Blickwinkeln wahrzunehmen. Aus unterschiedlichen Perspektiven schauen kann aber nur, wer es gelernt hat, zwischen den Zeilen zu hören. Verschiedene optische Wahrnehmungen können berechtigte Einstellungen fördern, wo zuvor in akustischer Hinsicht die erwähnte und zu lernende Synodalität als etwas Symphonisches wahrgenommen wurde. Sehen und Hören gehören zusammen und bedingen einander. Was einträchtig klingt, bewegt, anders hinzuschauen als dort, wo Dissonanzen Irritationen schaffen, weil man nicht mehr weiß, wohin man schauen und woran man sich orientieren kann. Weil Pilgernde in Rom Orientierung suchen, brauchen sie verlässliche Sichtweisen, die Komplexes als Komplementäres erscheinen und begreifen lassen. Kein Ereignis im Leben der Kirche, kein Fest in der Liturgie bringt diesen Zusammenhang so sehr zum Ausdruck wie Pfingsten. Mit den Augen des Heiligen Geistes zu sehen, lässt anderes wahrnehmen, als der vordergründige Blick erheischen lässt. Nach Rom pilgern bedeutet deshalb immer auch, Geschichte und Gegenwart von Stadt und Kirche mit den Augen des Heiligen Geistes anzuschauen.

Drei Perspektiven auf die Ewige Stadt

Oben – unten – vis-à-vis

Literatur ist Ausdruck von Leben. Worte sind Wahrnehmungen. Sie geben zu erkennen, wes Geistes Kind jemand ist. In seinem Buch „Mein Italien, kreuz und quer" lässt der Schriftsteller Klaus Wagenbach viele italienische Kollegen zu Wort kommen, die allesamt ihren Blick auf dieses Land und näherhin auf die Stadt Rom zur Sprache bringen. Im letzten Beitrag des Buches kommt der Romancier Italo Calvino zu Wort. „Blick über die Dächer der Stadt" hat er seinen Beitrag überschrieben und resümiert am Ende: „Erst wenn man die Oberfläche der Dinge kennengelernt hat, kann man sich aufmachen, um herauszufinden, was darunter sein mag. Doch die Oberfläche ist unerschöpflich."

In der Tat: Rom von oben ist ein faszinierender Blick. Wo immer man ihn hat von einer der vielen Dachterrassen oder einem der Aussichtspunkte dieser Stadt aus, ist die Oberfläche unerschöpflich. Auf den ersten Blick versucht man sie zuzuordnen; einzuordnen, was man schon kennt, um dann zu fragen, was darunter- und dahintersteckt. Die Vogelperspektive ist fantastisch. Sie gibt einen Überblick, aber noch keinen Einblick; sie vermittelt Weite, verwehrt aber noch die Wurzel.

Da braucht es auch die Wahrnehmung von unten, aus der Froschperspektive. Ohne diese Einstellung ist Rom nicht zu verstehen. So viele Ausgrabungen bringen den Besucher und Betrachter auf diese Ebene, die gerade in dieser Stadt erkennen lässt, wie sehr Geschichte Geschichtetes, Gewachsenes ist. Von unten zu schauen, vermittelt ein anderes Einfühlen und Mitfühlen. Archäologie wird dann zur Psychologie und zur Theologie.

Aber „oben" und „unten" sind nicht die einzigen Perspektiven, die den Durchblick geben. Um beide Blickrichtungen zusammenzubringen, braucht es eine dritte Weise der Betrachtung: vis-à-vis – auf Augenhöhe. „Oben" und „unten" kommen zusammen und finden zur „Mitte", wo ihre Einsichten über Ansichten hinausgehen, wo sie in einen Austausch kommen.

Wo das geschieht, ist Pfingsten, das Fest der Verständigung, die Fülle der Aspekte, die Freiheit, alles sehen zu wollen und zu können, die Feier von etwas Neuem: der Geburtstag der Kirche. „Kirche von oben" und „Kirche von unten" und wie immer die Schlagwörter sonst noch heißen, helfen nicht, wenn wir Gottes Geist verstehen und empfangen wollen. Er lässt sich nicht für eine Sichtweise vereinnahmen, die anderen vorschreiben möchte, wie mit dem Mainstream zu sehen und zu denken ist.

Wie viel Ungerechtigkeit und Vorurteile, wie viel Ausgrenzung und Verhärtung kommen nicht daher, dass wir Menschen uns das Denken der Meinungsmacher aufzwingen lassen und uns nicht die Mühe machen, selbst hinzuschauen? Wie viel gefährliche Leichtgläubigkeit dem gegenüber, was uns vorgesetzt wird, verhindert nicht den Blick für das größere Ganze, für die Wirklichkeit und Wahrheit? Wie kurzsichtig und eindimensional werden Glaube und Leben, wenn nur eine Sicht zählt und gelten darf?

Gottes Geist aber befähigt zur Eigenständigkeit im Blick und im Urteil. Er entlarvt alle Bevormundung der Meinungsmacher. Er bewegt zur eigenen Wahrnehmung und ermöglicht den umfassenden Blick; ein österliches Sehen, das an Pfingsten den Jüngern geschenkt wird: „Da freuten sich die Jünger, als sie den Herrn sahen" (Joh 20,20).

Es ist dieser dreifache Blick „von oben", „von unten" und „im Gegenüber auf Augenhöhe", der die Perspektive von Pfingsten ins Leben bringt. Der Apostel Paulus gewinnt ihn – vom österlichen Licht aus der Höhe vor Damaskus geblendet, zu Boden gestürzt nach ganz unten – und mit einer Blindheit geschlagen, die erst im Gegenüber mit Hananias von ihm genommen wird (vgl. Apg 9,1–22). Wie und was Paulus dann sehen lernt, bezeugen seine Worte im ersten Korintherbrief: „Gottes Geist ergründet nämlich alles, auch die Tiefen Gottes. (...) Wir aber haben nicht den Geist der Welt empfangen, sondern den Geist, der aus Gott stammt, damit wir das erkennen, was uns von Gott geschenkt worden ist" (1 Kor 2,11–12). Dieses dreifache Geschenk bringt uns in die Spur des Glaubens.

Der Blick von oben – Gottes Geist ist der Creator

Rom von oben", das ist auch ein archäologisches Projekt, das Wissenschaftler aus den USA auf den Weg gebracht haben und das weltweit Beachtung findet. Mittels hochaufgelöster Satellitenfotos, die Spezialkameras im Weltall von der sichtbaren Oberfläche dieser Stadt nehmen, bringen sie das Darunterliegende so zum Leuchten, dass Funde in der Tiefe aus der Höhe aufgespürt werden. Je höher der Blick von oben, desto größer und gewinnender ist gleichsam die Erkenntnis dessen, was sich unter der Oberfläche verbirgt. Was so für archäologische Schätze gilt, eröffnet sich auch, wo wir von oben mit den Augen des Glaubens auf das Leben schauen und dabei manche Oberfläche durchdringen.

Papst Benedikt XVI. hat es in der Pfingstvigil am 3. Juni 2006 in Rom auf dem Petersplatz so zum Ausdruck gebracht: „Der Heilige Geist schenkt den Gläubigen eine höhere Sichtweise von der Welt, vom Leben und von der Geschichte und macht sie zu Hütern der Hoffnung, die nicht zugrunde gehen lässt."

In der Sequenz von Pfingsten betet die Kirche in dieser Perspektive: „Komm herab, o Heilger Geist, der die finstre Nacht zerreißt, strahle Licht in diese Welt. Komm, der alle Armen liebt, komm, der gute Gaben gibt, komm, der jedes Herz erhellt." Sub specie aeternitatis, unter dem Blickwinkel der Ewigkeit – eben von oben –, erscheint unsere Welt in einem anderen Licht. Sie ist Gottes Schöpfung und hat eine Größe, die Platz hat für alle.

Panoramaansicht über den Petersplatz und die Stadt Rom

Sub specie aeternitatis – eben von oben – kommen auch die Ränder in den Blick, von denen Papst Franziskus nicht müde wird zu sprechen, wenn er die Reichweite des Evangeliums ausleuchtet. Sub specie aeternitatis sehen Christen, was Gott für alle geschaffen hat: die Schönheit der Schöpfung, die Größe der Architektur, die Gabe des Miteinanders. Und wir sehen die Wunden der Welt: Menschen, die alles verlassen müssen, weil Krieg und Armut sie vertreiben und zu Flüchtlingen machen; weil Terroristen die Weltkultur zerstören, um Hass zu schüren.

Gottes Geist ist der Creator des Großen und Ganzen, der den Menschen bewegen will, zu sehen, was und wer zusammengehört, was und wer uns anvertraut ist. Gottes Geist will uns davor bewahren, nur unsere kleine Welt zu sehen und uns darin einzurichten. Der, „der alle Armen liebt und gute Gaben gibt", ist der Schöpfer, der jedes Herz erhellt, der mit den Augen des Herzens sehen lässt und als Creator zeigt, dass Liebe erfinderisch macht. „Der Heilige Geist schenkt den Gläubigen eine höhere Sichtweise von der Welt, vom Leben und von der Geschichte und macht sie zu Hütern der Hoffnung, die nicht zugrunde gehen lässt."

Was von oben betrachtet klein scheint, kann von unten angeschaut übermächtig wirken. Mit der Erhabenheit des Himmels korrespondiert eine Erdenschwere, die in manchem Leben kaum konträrer sein könnte. Wir kennen Glücksmomente im Glauben, wo alles leicht von der Hand geht, und wir wissen, wie schnell uns das Leben auf den Boden werfen kann. Weil Gottes Heiliger Geist mit beiden Beinen in unserem Leben steht, gibt es in dieser Perspektive auch ein Zweites:

Der Blick von unten – Gottes Geist ist der Consolator

Ganz unten" – so hat der Journalist Günter Wallraff 1985 einen Undercover-Bericht über seine Tätigkeit als ausländischer Gastarbeiter bei der Müllabfuhr überschrieben und damit enthüllt, wie es dort aussieht, wo keiner hinwill, wo Menschen an den Rand geschoben und ausgegrenzt werden. Ganz unten ist es dunkel; dort gibt es kaum Luft zum Atmen. Das kennen wir auch von Ausgrabungen. Es riecht stickig, es ist kalt. So ist das Leben ganz unten. Aus der Froschperspektive betrachtet, wirkt die Umgebung oft übermächtig und erdrückend. Durch all das zu schauen, was den Blick trübt und verstellt, vermag der Mensch nicht aus eigener Kraft. Wo er vom Leben in die Froschperspektive gestoßen wird, bleibt ihm nur noch das Ringen um Licht.

Von diesem Ruf ist die Bibel voll. Aus den Psalmen spricht immer wieder diese Perspektive von unten, wo der Mensch verlassen und verleumdet wird, wo Gefahren und Grenzen ihn bedrängen, wo Freunde fliehen und Feinde feixen, wo Zukunft nur Zweifel ist. In dieser Ohnmacht – ganz unten – ist der Ruf nach Licht, die Stimme des Heiligen Geistes: „Höchster Tröster in der Zeit, Gast, der Herz und Sinn erfreut, köstlich Labsal in der Not. Komm, o du glückselig Licht, fülle Herz und Angesicht,

Basilika San Clemente (Unterkirche)

dring bis auf der Seele Grund. Ohne dein lebendig Wehen kann im Menschen nichts bestehen, kann nichts heil sein noch gesund."

So wie die Kirche in der Pfingstsequenz betet, bekennt sie den Heiligen Geist als Tröster. Aus der Froschperspektive des Lebens vermittelt sich: Gottes Heiliger Geist ist nicht Imperator, er ist Consolator. Er fühlt mit, er weint mit, er geht mit und er nimmt mit ins Licht, wo der Ausblick noch verstellt ist. Wo er aber so durchscheint, kommt von ihm und mit ihm auch der Durchblick. Sein Trost ist Sinnstiftung. So wehrt er jeder Versuchung der Vergeblichkeit.

Wo Paulus selbst in der Bedrängnis zur Bekehrung findet, kommen ihm in der Kraft des Heiligen Geistes die Worte, die der so menschlichen Frage nach dem „Warum" im Leiden Trost und Sinn geben. Es sind Worte aus der Krise, die dem Apostel zu Wegen mit dem Kreuz Christi werden. Im Hymnus des zweiten Korintherbriefes bekennt Paulus, was ganz unten den Blick nach vorne richten kann: „Gepriesen sei der Gott und Vater unseres Herrn Jesus Christus, der Vater des Erbarmens und Gott allen Trostes. Er tröstet uns in all unserer Not, damit auch wir die Kraft haben, alle zu trösten, die in Not sind, durch den Trost, mit dem auch wir von Gott getröstet werden. Wie uns nämlich die Leiden Christi überreich zuteilgeworden sind, so wird uns durch Christus auch überreicher Trost zuteil" (2 Kor 1,3–5). Leiden durch Trost zu verwandeln, ist die Gabe des Heiligen Geistes als Consolator. Er richtet auf, damit ein Drittes möglich wird:

Der Blick auf Augenhöhe – Gottes Geist ist der Mediator

Das ist Pfingsten in der Apostelgeschichte in Jerusalem: Menschen verschiedener Sprachen und Kulturen können sich verstehen. Das ist Pfingsten in Rom: Pilger aus aller Welt, die hier Tuchfühlung mit dem Anfang und der Gegenwart der Kirche aufnehmen; Menschen, die das Katholische in der wörtlichen Übersetzung – das Allumfassende, das Verbindende – suchen. Wo Öffnung füreinander und Verständigung miteinander gelingt, ist das die Gabe des Heiligen Geistes als Mediator.

Wo Menschen sich auf Augenhöhe begegnen, werden auch die Herzen synchron. Das ist nicht Vereinnahmung oder Gleichschaltung. Das ist nicht Uniformität und auch nicht Beliebigkeit. Wo Gottes Geist als Mediator wirkt, wächst das Verbindende und auch das Verbindliche. Dazu braucht es gerade den geistlichen Blick für die Unterscheidung der Geister, um sich nicht in der Anpassung zu verlieren. Wie groß ist diese Gefahr im Glauben, in der Kirche und in uns selbst! Wie viel Mut braucht es oft – gerade in Medien und Meinungen –, das, wofür wir als Christen in dieser Welt stehen, anzusprechen und einzubringen?

Wo Gottes Geist als Mediator wirkt, gibt es ein Hören und Sprechen, das jeden zu Wort kommen lässt, ohne anderen nach dem Mund zu reden. Auf Augenhöhe gibt es den Blick für das Positive im Anderen, das als Bereicherung für das eigene Leben verstanden werden will. So

Taube im Strahlenkranz, Kathedra-Altar im Petersdom

entsteht eine „Gemeinsamkeit im Wollen" (Papst Benedikt XVI.) und eine „Geschlossenheit im Handeln", die von innen kommt. So baut Gottes Geist die Kirche auf: in Unterscheidung von der Welt und als Zeichen für die Welt.

Wer in Rom die großen Kirchen betritt und manches aus der Nähe betrachten kann, was er aus Büchern oder Bildern schon zu kennen meint, wird oft von der Unmittelbarkeit des Augenblicks ganz neu berührt. Eine Wallfahrt nach Rom, das ist Kirche aus erster Hand, unverbraucht und unverstellt. Gottes Heiliger Geist wirkt von Angesicht zu Angesicht, damit sich nicht unsere Vorurteile dazwischenschieben. Darin ist er Mediator, Mittler einer Echtheit und Lauterkeit, wo der Anschein oft anderes glauben machen soll.

Rom lässt die Welt mit neuen Augen sehen: von oben, von unten und in Augenhöhe. Wer sich in Glaube und Gebet, in Gelassenheit und Gemeinschaft von Gottes Heiligem Geist berühren lässt, erfährt ihn als Schöpfer, als Tröster und als Mittler. Das ist der frohe Schwung, den die Lieder von Pfingsten in die Liturgie der Kirche und in unser Leben tragen. Das lässt gerade in Rom an heiligen Stätten beten:

„Komm, Schöpfer Geist, kehr bei uns ein,
besuch das Herz der Kinder dein,
erfüll uns all mit deiner Gnad,
die deine Macht erschaffen hat.

Der du der Tröster wirst genannt,
vom höchsten Gott ein Gnadenpfand,

du Lebensbrunn, Licht, Lieb und Glut,
der Seele Salbung, höchstes Gut.

O Schatz, der siebenfältig ziert,
o Finger Gottes, der uns führt,
Geschenk vom Vater zugesagt,
du, der die Zungen reden macht." (GL 351)

Stazione Termini – Mondo pubblico

Papst zwischen Passagieren

Roma Termini" – das ist „mondo pubblico"! Wenn man mit dem Zug auf diesem großen römischen Kopfbahnhof ankommt und in dem quirligen Treiben dort den Weg nach draußen auf den Vorplatz gefunden hat, ist man noch nicht am Ziel. Zwischen Taxifahrern und Autobussen drängt es viele Passagiere in Richtung Via Nazionale. Es sind Menschen, die eilen und irgendwie getrieben wirken. Vor der Ampel – am Ende des Platzes – laufen die Fußgänger auf und bilden einen hektischen Pulk, aus denen einer herausragt: die Statue des Hl. Papstes Johannes Paul II.

Statue des heiligen Johannes Paul II., Bahnhof Termini

Es ist eine überlebensgroße Darstellung dieses Glaubenszeugen; ein Werk des Künstlers Oliviero Rainaldi, der diesem Denkmal den Titel „Conversazioni" gegeben hat. Die Stadt Rom hat es anlässlich der Seligsprechung von Johannes Paul II. im Jahr 2011 errichten lassen, um an einen ihrer Bürger zu erinnern, der mehr war als ein Römer. Aus dieser künstlerischen Figur spricht im wahrsten Sinn des Wortes einer, der über diese Stadt hinausragt – ein Kosmopolit – ein Katholik. Der allumfassende Blick, der sich allein schon aus der Höhe dieser Statue ergibt, geht hier nach innen. Damit wird an einem Platz in der Ewigen Stadt, der wohl zu den hektischsten und lautesten Orten zählt, eine Ruhe und Tiefe anschaulich. Inmitten von hupenden Autos und hetzenden Menschen erzeugt eine Person Einhalt, wo sonst eher Einfalt das Leben bestimmt.

Auch wenn die Meinungen über die künstlerische Qualität dieses Denkmals weit auseinandergehen und die Darstellung nicht unumstritten ist, so ist doch der, um den es hier geht, über jeden Zweifel erhaben. Die Figur zeigt die virile Kraft eines Mannes, der kämpfen konnte, und sie vermittelt zugleich einen Menschen, der mitfühlen und mitleiden wollte. Die Gestalt des Körpers ist ganz Mantel, in der Mitte geöffnet, sodass man in das Innere der Statue schauen und gehen kann. Man hat Johannes Paul II. vor Augen, wie er bisweilen im roten Umhang auf Reisen im Gestus der ausgestreckten Arme diesen Mantel weit öffnete. Er bleibt in Erinnerung, wie er das Heilige Jahr 2000 eröffnet und kniend auf der Schwelle der Heiligen Pforte – schon vom körperlichen

Gebrechen gezeichnet – vom Mantel des Glaubens bedeckt war. Am Kreuzstab in der Hand zog er sich hoch und man sah beides: die Zusage des Apostels Paulus an die Galater „Ihr alle, die ihr auf Christus getauft seid, habt Christus als Gewand angelegt" (Gal 3,27) und die Würde von Wunden. Am Kreuz richtete er sich auf – die Ferula als Gehhilfe im Glauben.

Das sind vor allem Bilder vom Ende seines irdischen Lebens. Unvergesslich bleibt, was am Anfang seines Pontifikates zu sehen war. Da war diese erste bescheidene Verlegenheit auf der Benediktionsloggia von Sankt Peter nach seiner Wahl am 16. Oktober 1978 – von einem scheinbar Unbekannten, einem Nichtitaliener nach 455 Jahren. Und dann, wenige Tage später: die erste so kraftvolle Predigt bei seiner Amtseinführung, als er mit fester Stimme diese Worte sprach: „Non avete paura – aperite i cuori per Christo! (Habt keine Angst – öffnet eure Herzen für Christus!)"

Später konnte man erfahren, dass zwischen dem ersten Auftritt des gerade gewählten neuen Papstes und seiner Verkündigung am nächsten Tag Stunden tiefster Gottesbegegnung gelegen haben. Buchstäblich „über Nacht" war aus dem Schrecken über die Wahl, die auf ihn gefallen war, ein glaubender Mensch mit gestärktem Herzen, offenen Armen und einem strahlenden Blick hervorgegangen. Die Menschen spürten gleich: Hier spricht jemand von Gott, der etwas zu sagen hat: „Non avete paura – aperite i cuori per Christo!"

Der Papst zwischen Passagieren an der Stazione Termini – das ist „mondo pubblico"! Mitten in der öffentlichen Welt des Alltags, wo so viele Menschen laufen und sich verlaufen, ohne Obdach für Leib und Seele, auf der Flucht und im Vergänglichen, kommt mit diesem Heiligen etwas vom Himmel auf die Erde. In dieser öffentlichen Welt verweist das Denkmal des Hl. Johannes Paul II. auf das, was der Theologe Johann Baptist Metz als die kürzeste Definition von Religion beschreibt: Unterbrechung.

Die Statue dieses großen Papstes an diesem Platz in Rom unterbricht einen Alltag, in dem Menschen sich äußerlich getrieben fühlen, eine Welt des „anything goes", weil dieser Heilige ein Dreifaches in den Blick rückt:

Stehen

Das monumentale Denkmal am römischen Hauptbahnhof ist unübersehbar. Es zeigt eine imposante Gestalt, die stehen kann. Das hat Johannes Paul II. in unterschiedlichen Herausforderungen und Bedrängnissen seines Lebens bewiesen: beim Verlust der Mutter und des einzigen Bruders in jungen Jahren, als Student im Widerstand gegen die Nazidiktatur, als Priester und Bischof im Kampf gegen den Kommunismus in Polen und als Papst in seinem weltweiten Einsatz für das Leben, die Freiheit und den Frieden. Stehen können und stehen bleiben, vor allem dann, wenn andere gehen, ist die Grundhaltung des österlichen Menschen. Wer aus der Auferstehung Jesu von den Toten lebt, kann für das Leben und seine Überzeugungen einstehen.

Der Hebräerbrief, ein Hirtenbrief an Christen in der Vereinzelung und Zerstreuung, weiß darum, dass solche Festigkeit das Fundament jeglicher Evangelisierung ist. „Glaube aber ist: Grundlage dessen, was man erhofft, ein Zutagetreten von Tatsachen, die man nicht sieht" (Hebr 11,1). Diese Entschiedenheit spricht und strahlt aus dem Leben des Hl. Johannes Paul II. Wir haben ihn vor Augen und die Filmaufnahmen zeigen es heute noch, wie er mit seiner Klarheit die scheinbar Mächtigen der Welt ins Schwitzen brachte und die Schwachen an sich drückte und ihnen so Boden unter den Füßen gab.

Wer stehen und für Überzeugungen einstehen kann, wird auch anderen beistehen. Das vermittelt die Statue des Papstes auf einer Piazza des Populismus, wo man geht, wie alle gehen, wo viele – auch in der Kirche – mehr ankommen wollen als aushalten können. Evangelisierung in einer passageren Welt besteht aber nicht darin, mit den Wölfen zu heulen, sondern „wie Schafe unter Wölfe gesandt zu sein" (Mt 10,16). Wer stehen bleibt, wo andere gehen, macht sich angreifbar und verwundbar.

Johannes Paul II. wusste um diesen Zusammenhang und er war bereit und stark genug, Anfeindungen hinzunehmen, Schmeicheleien abzulehnen und schließlich auch Gebrechen zu zeigen, ohne zurückzuweichen. Er vertraute im Innersten der Verheißung, die der Herr denen mitgibt, die bereit sind, als Schafe unter Wölfen zu stehen: „Und ihr werdet um meines Namens willen von allen gehasst werden; wer aber bis zum Ende standhaft bleibt, der wird gerettet" (Mt 10,22).

Papst Benedikt XVI., der in gleicher Weise das Feststehen im Glauben bezeugt hat, spricht in seinem Interviewbuch „Letzte Gespräche" aus Erfahrungen der Verwundung von der „sprungbereiten Feindseligkeit", die sich gerade auch im Inneren der Kirche breitmachen kann. Dann stehen zu bleiben, wie der Herr an der Geißelsäule, macht Menschen in Seinem Dienst zu Aposteln, zu Säulen der Kirche. Dafür steht der Hl. Johannes Paul II. und verweist in der Statue an der Stazione Termini auf ein Zweites:

Bergen

Man kann in das Denkmal am römischen Hauptbahnhof eintreten. Es ist ein offener Raum, der Menschen aufnimmt und birgt. Der monumentale Körper wird zu einem geöffneten Schutzmantel. Diese Gestaltung entspricht den Gesten Johannes Pauls II. Er hat die Menschen eingeladen und angezogen; er hat sie besucht und auf seinen über 100 Reisen behalten, was sie bewegt. Er hat der Kirche den Sonntag der göttlichen Barmherzigkeit geschenkt, weil in ihm lebte, was Papst Franziskus so eindrucksvoll mit dem Heiligen Jahr der Barmherzigkeit der Kirche bleibend ins Gewissen geschrieben hat. Johannes Paul II. fühlte, was er sah, und konnte damit geben, was von Herzen kam. Seine große Empathie mit den Menschen kam aus der tiefen Sympathie mit Christus. Am Sonntag der Barmherzigkeit 2005 ist er zum Herrn hinübergegangen.

Man kann sich vorstellen, was von dem großen jüdischen Rabbi Mendel von Rymanow berichtet wird. Seine Schüler befragten ihn eines Tages, wie er sein Versprechen, für jeden zu beten, der sich ihm anvertraute, umsetzen könne. Darauf antwortete er: „Von der Not und vom Segen eines jeden bleibt eine Spur in meinem Inneren eingeritzt. In der Stunde der 18 Seligpreisungen öffne ich dann vor Jahwe mein Herz und sage ihm: Herr der Welt, lies ab, was hier geschrieben steht."

Den anderen in sich aufnehmen, mit seinen Augen zu sehen und aus seinem Blickwinkel zu denken, hilft, einander zu verstehen und sich näherzukommen. In den Spuren der anderen zu stehen und zu gehen, lässt das Terrain ertasten, auf dem sie herangewachsen sind, und die Stolpersteine erspüren, die sie in ihrem Leben zu Fall gebracht haben. In diesem inneren Sinn hat die Statue an der Stazione Termini etwas vom Logo des Jahres der Barmherzigkeit 2015/2016. So wie Christus hier mit einem Auge des Menschen als dem verlorenen Schaf auf seinen Schultern schaut und der Mensch mit einem Auge den Blick Christi teilt, kommt es im Glauben darauf an, im anderen zu sein.

Wer Christus als Gewand angezogen hat, will nicht den Mantel des Schweigens über das Leid der Welt und die Grenzen der Kirche hüllen. Wer Christus trägt, frönt nicht den Moden von Mehrheiten. Er folgt einem anderen Modus, wenn er Menschen unter den Mantel des Evangeliums nimmt, die an mancher Kälte dieser Welt frieren und deren Wunden vor dem Wind ungerechter Kritik zu schützen sind. Was das Denkmal am Bahnhof andeutet, weist damit in eine dritte Richtung:

Gehen

Am Ende des letzten Heiligen Jahres 2000 hat Papst Johannes Paul II. sein geistliches Vermächtnis des anno santo in seinem Apostolischen Schreiben „Novo Millennio Ineunte" zusammengefasst. Den Schluss dieses bewegenden Zeugnisses hat er mit dem Wort des Herrn an Petrus überschrieben: „Duc in altum (Fahr hinaus auf den See)" (Lk 5,4), dem er gleich seine eigene Auslegung folgen lässt: „Gehen wir voll Hoffnung voran! Ein neues Jahrtausend liegt vor der Kirche wie ein weiter Ozean, auf den es hinauszufahren gilt" (58).

Die Statue bei Roma Termini vermittelt auch die Wirkung, als wolle der Papst an dieser Stelle aufbrechen. Irgendwie drängt er vorwärts und will dabei streunende Touristen und gehetzte Passagiere mitreißen und auf einen anderen Weg bringen.

Schon zu Lebzeiten war Bewegung Johannes Paul II. immer wichtig. Er war ein sportlicher Mensch, dem Bergsteigen und Skifahren große Freude machten. Und als er körperlich immer eingeschränkter war und schließlich kaum noch laufen konnte, spürte man doch seine ungebremste geistige Bereitschaft zur Bewegung. In seinem so persönlichen Wort nach dem Abschluss des Hl. Jahres 2000 schreibt er: „Am Beginn dieses neuen Jahrhunderts muss unser Schritt schneller werden, wenn wir erneut die Straßen der Welt zurücklegen" (58). Auf ihnen ist Papst Johannes Paul gegangen und er hat damit gezeigt, wo die Verkündigung der Kirche ansetzen muss. Christen haben ihren Platz nicht hinter verschlossenen Türen, sondern auf dem Areopag der Welt – dort, wo auch in Rom vor dem Bahnhof der Papst so zwischen Passagieren steht, als wolle er ihnen voran- und hinterhergehen. Das ist ein Hirtendienst, der darum weiß, dass „Christus die geöffnete Tür zu den Schafen ist" (Joh 10,9) und dass es auf diesem Weg an der Seite der Menschen Weisung und Begleitung braucht.

Was Papst Johannes Paul II. damals nach dem Abschluss des Heiligen Jahres allen Christen schrieb, das könnte auch heute kaum aktueller sein: „Das Symbol der Heiligen Pforte schließt sich hinter uns, um aber die lebendige Pforte, die Christus ist, weiter geöffnet zu lassen denn je. Nach der Begeisterung des Jubiläums kehren wir in keinen grauen Alltag zurück. Im Gegenteil, wenn unser Pilgerweg echt war, hat er unsere Beine gleichsam gelockert für den Weg, der auf uns wartet. Wir müssen den Schwung des Apostels Paulus nachahmen: ‚Ich strecke mich nach dem aus, was vor mir ist. Das Ziel vor Augen, jage ich nach dem Siegespreis, der himmlischen Berufung, die Gott uns in Jesus Christus schenkt' (Phil 3,13–14)" (58).

Unvergesslich bleibt die Szene, als Papst Johannes Paul II. wenige Tage vor seinem Tod am Fenster des Apostolischen Palastes den unzähligen Menschen auf dem Petersplatz zum letzten Mal mit sichtbar letzter irdischer Kraft den Segen des Himmels erteilte. Als er schon nicht mehr sprechen konnte, hat er für sie in diesen Tagen ein Wort aufgeschrieben, das zum Vermächtnis wurde: „Ich bin froh, seid ihr es auch!" So nahe an der Schwelle des Himmels, wo er heute als Heiliger unser

Fürsprecher ist, kamen ihm diese Worte. Sie bündeln, wofür ein Mensch des Glaubens steht, wie und wen er birgt und für wen er geht. So hat Papst Benedikt XVI. ihn in seiner Predigt beim Requiem „am Fenster des Himmels gesehen, von wo er auf uns schaut und uns segnet“ – ein Heiliger!

Steine – Stufen – Säulen

Antike Trümmer oder faszinierende Fundamente

Rom ist eine Stadt der Säulen. Überall sieht man sie hier. Manche stehen da als Torso antiker Bauten und ragen einsam in den Himmel. Andere zeugen von großer Geschichte. So versteht sich die Trajanssäule unweit des Forum Romanum als Ausdruck der Selbstdarstellung des römischen Kaisertums. 40 Meter ist sie hoch und aus 29 Marmorblöcke aus Carrara-Marmor zusammengesetzt. Mit 2500 in Stein gehauenen Figuren erzählt der spiralförmig aufsteigende Fries über 200 Meter Länge Szenen aus den Daker-Kriegen, die Trajan als siegreichen Herrscher hervorbrachten, dessen Statue am Ende der Säule ganz oben auf dem Kapitell erschien.

So wie seine weltliche Herrschaft verging, verlor sich irgendwann auch sein Standbild. Papst Sixtus V. veranlasste 1587 die Aufstellung einer Figur des Apostels Petrus mit dem Schlüssel – ein sinnfälliges Bild dafür, dass das, was Menschen auf den Sockel stellen, oft zweifelhaft ist und nur der dort bestehen und Richtung geben kann, der im Namen Gottes geht und steht.

Ähnlich die große Siegessäule auf der Piazza Colonna. Sie war ursprünglich bestimmt, um den Ruhm des Feldherrn Marc Aurel und seine gewonnenen Schlachten im ausgehenden 2. Jahrhundert zu rühmen. Auch hier führt über 40 Meter vom Sockel bis zum Kapitell ein Reliefband spiralförmig nach oben. Auch hier sieht man Kriegsereignisse, die noch detaillierter und plastischer in den Marmorstein gehauen sind. Auch hier ging irgendwann die krönende Figur des weltlichen Potentaten verloren. Seit 1589 wacht nunmehr eine Bronzestatue des Apostels Paulus mit dem Schwert über Politik und Stadt.

Wie Petrus und Paulus Säulen der Kirche sind, so ist Maria der Architrav im Glauben der Kirche; jene Mittelsäule, die die Türe stützt, durch die die Menschen eintreten wollen. Was man in diesem Bild an vielen mittelalterlichen Kirchbauten entdecken kann, hat in Rom seine besondere Ausformung gefunden. Auf der Piazza di Spagna ist es wiederum eine antike Säule, die aufgegriffen wurde, um viele Jahrhunderte später, 1856, der Gottesmutter als Immaculata ein Denkmal zu setzen. Zwei Jahre nachdem der Sel. Papst Pius IX. das Dogma zur „Unbefleckten Empfängnis Mariens" verkündet hatte, wurde diese Säule errichtet. An ihren Sockel leh-

Forum Romanum

nen sich die Propheten Jesaja und Ezechiel, ferner Moses und David. In dieser Darstellung ist die Mariensäule auf der Piazza di Spagna zu einem Meilenstein im Advent geworden.

Säulen säumen Wege. Schaut man auf die Architektur des antiken Rom, entdeckt man viele Säulengänge. Sie leiten den Menschen und richten ihn aus. Säulen sind Wegmarken und Wegweiser. Manche werden auch zu Mittelpunkten, wenn sie große Plätze zentrieren, um auf Größeres hinzuweisen. Eine solche Säule ist Maria im Advent. So wie sie „guter Hoffnung ist" und sich vor der Geburt ihres Sohnes auf den Weg durch das Bergland von Judäa macht, um Elisabeth zu besuchen, stimmt sie das Magnificat an: „Meine Seele preist die Größe des Herrn und mein Geist jubelt über Gott, meinen Retter" (Lk 1,46b.47). So intoniert Maria, was die Kirche am Sonntag „Gaudete" begeht. Es ist die Antizipation einer Vision: Gewissheit im Glauben und daraus Zuversicht im Leben. Gott wird Großes tun, indem er dem, was klein und schwach ist, einen Sinn und eine Bestimmung, eine Berufung und Sendung einstiftet. Das Leben geht nicht in die Leere, weil es auf die Liebe zugeht, die Maria in sich trägt. Darin ist sie die Säule, die unser Leben ausrichten und zentrieren kann. Wenn wir auf sie schauen, gibt es immer wieder einen Grund zu „Gaudete" in allem, was den Kopf und die Hände sinken lässt. Zum Glauben gehört ein „Gaudete", das Pilger vielleicht in ihrem Leben mit der Zeit verloren haben, aber in Rom wiederfinden können. Wo Schwermut lähmt, gilt diese Verheißung des Propheten Zefanja, der in Tagen der

Trümmer das Volk Israel aufrichtet. Seine Worte lassen uns dann mit Maria unseren Blick wieder nach oben und nach vorne wagen: „An jenem Tag wird man zu Jerusalem sagen: Fürchte dich nicht, Zion! Lass die Hände nicht sinken! Der Herr, dein Gott, ist in deiner Mitte, ein Held der Rettung bringt. Er freut sich und jubelt über dich, er schweigt in seiner Liebe, er freut sich und jubelt über dich, wie man frohlockt an einem Festtag" (Zef 3,16–17). Im Magnificat gibt Maria der Freude an Gott und der Freude Gottes an uns Resonanz.

Im Sonntag „Gaudete" schwingt Weihnachten. Gott erneuert seine Liebe zu uns, indem er Maria erwählt, die uns seinen Sohn auf Erden schenkt. Wie von einer Säule gehen von ihr die Wellen der Weihnacht aus. So schaut die Kirche auf Maria in der Lauretanischen Litanei und ruft sie an als „elfenbeinernen Turm" und als „Trost der Betrübten". So zentriert Maria als Siegessäule eines echten Glaubens unser Leben im Advent. Auf sie in dreifacher Hinsicht zu schauen, lässt uns Christus sehen, wie er seine Liebe zu uns erneuert (vgl. Zef 3,17).

Säulen tragen

Zu Rom gehören viele Kirchen und Palazzi mit einem eindrucksvollen Portikus. Das sind mächtige Säulen, die das Dach des Vorraumes tragen. Am Pantheon sieht man, was sie schultern, und in den antiken Tiefen von San Clemente entdeckt man sie als tragende Elemente inmitten von Mauern, die die Decke stützen.

Tragen, das ist eigentlich ein anderes Wort für Glauben. So wie Maria Christus zu Elisabeth trägt, zeigt sie uns, wie Glauben geht. Es ist die Haltung eines inneren „Gaudete", die aushalten lässt, was nicht zu ändern ist, und die angeht, was anders werden muss. „Gaudete", das ist frohe Erwartung auf Gottes Stunde, die im Leben eines jeden Menschen kommt. „Gaudete", das ist die stille Gewissheit, von Gott so getragen zu sein, wie Maria ihn in Christus birgt. Deshalb ermutigt Papst Franziskus: „Mit Christus und Maria bleiben wir in Gott." Und er warnt vor einem „spirituellen Pessimismus", der darin besteht, sich nicht trösten lassen zu wollen. Spiritueller Pessimismus ist menschlicher Aktionismus, der alles sich und sich allein zuschreibt. Wie anders ist da die Blickrichtung der Hl. Schrift im Galaterbrief: „Einer trage des anderen Last; so werdet ihr das Gesetz Christi erfüllen" (Gal 6,2).

Diese Bewegung führt auf Weihnachten zu. Die Freude daran, zu tragen und mitzutragen, ist das stille Wesen von „Gaudete"; keine Gaudi der Welt, sondern Leidenschaft in Liebe, die leuchtet, wo sonst alles trüb ist. Weil Maria so Christus austrägt, können wir im Advent singen: „Glanz strahlt von der Krippe auf, neues Licht entströmt der Nacht. Nun obsiegt kein Dunkel mehr, und der Glaube trägt das Licht" (GL 227,4). Damit kommt ein Zweites in den Blick:

Säulen erheben

Das ist ihre Wirkung, erst recht, wenn man unmittelbar davorsteht. Man sieht den Sockel, liest die Inschrift und wird dann vom Säulenschaft nach oben geführt. Es ist die Höhe, die den Himmel in den Blick kommen lässt. Das ist auch die Wirkung der Mariensäule unweit der Spanischen Treppe. Sie erhebt und entrückt; sie erdet und entlässt den Betrachter mit einem Bild aus der Geheimen Offenbarung, das bleibt: „Dann erschien ein großes Zeichen am Himmel: eine Frau, mit der Sonne bekleidet; der Mond war unter ihren Füßen und ein Kranz von zwölf Sternen auf ihrem Haupt. Sie war schwanger und schrie vor Schmerz in ihren Geburtswehen" (Offb 12,1).

Dieser Blick nach oben zeigt, was den Christen erhebt. Es ist nicht das, was Menschen auf den Sockel heben, sondern das, was Gott in Christus aufrichtet: eine gefallene Schöpfung, die im Kreuzestod des Herrn dem ins Auge schauen muss, was das Leben an den Rand und nach unten bringt. Weil das in dem gewandelt wird, der nach dem Johannesevangelium von sich sagt: „Wenn ich über die Erde erhöht bin, werde ich alle zu mir ziehen" (Joh 12,32), bewirkt das Kreuz einen Perspektivenwechsel. Hier erfüllt sich die Verheißung des adventlichen Propheten Jesaja, der sich an den Sockel der römischen Mariensäule lehnt: „Nachdem er so vieles ertrug, erblickt er das Licht" (Jes 53,11). Die Schmerzen der Geburtswehen an Weihnachten sind österlich. Was weh tut, wird gewandelt. Die Kehrseite der Säule mit der

Immaculata ist das Kreuz Christi. Der Blick zu ihr nach oben lässt begreifen, was sie im Magnificat besingt: „Er stürzt die Mächtigen vom Thron und erhöht die Niedrigen" (Lk 1,52).

Im Blick nach oben gewinnt der adventliche Mensch Boden unter den Füßen. Weil er stehen kann, kann er sich erheben und so, wie er mit Maria auf die Größe Gottes schaut, kann er fest stehen in seinen Überzeugungen.

In diesem Sinn hat die Säule noch einen dritten Aspekt:

Säulen schmücken

Ihre architektonische und künstlerische Bandbreite wird ebenfalls in Rom überall anschaulich. Ob in der strengeren Ausführung als ionische und dorische Säulen oder in der etwas verspielteren korinthischen Variante – sie werden durch diese Verzierungen zum Schmuck. So wie sie in vielen Basiliken dieser Stadt Mittelschiff und Seitenschiffe optisch trennen, sind sie nicht einfach funktionale Baustützen oder Beiwerk, sondern Botschaften dafür, dass unser Glaube schön ist, weil die Wahrheit gut ist. Touristen und Pilger erleben hier gleichermaßen, dass die „Via pulchritudinis" (der Weg der Schönheit) – wie Papst Franziskus sagt – ein Weg der Evangelisierung ist. Schönes zu sehen, macht den Menschen gut. Die Frucht solcher Blicke ist Freude. Auch das kommt mit dem Sonntag „Gaudete" im Advent ins Bewusstsein.

Und so hat die Kirche gerade im Advent Maria als die Immaculata vor Augen. So singen wir und sehen die, die ganz durchsichtig ist auf Gott hin: „Ave Maria zart, du edler Rosengart, lilienweiß, ganz ohne Schaden" (GL 527,1). „Weil die Wahrheit schön ist", wie Papst Benedikt es einmal gesagt hat, steht sie für uns auf einer Säule der Lauterkeit, die uns Orientierung gibt. Menschen wachsen über sich hinaus, wenn sie zu denen aufschauen können, die wirklich groß sind. Solche Ausstrahlung ist adventlich, weil sie Menschen aufrichtet und ausrichtet. Sie bewegt Menschen im Sinne des Augustinus-Wortes: „Die Seele nährt sich von dem, worauf sie sich freut."

Der Sonntag „Gaudete" ist in dieser dreifachen Hinsicht die Säule im Advent. Er lässt uns in Maria schauen, wie Säulen tragen, erheben und schmücken. Sie kommen dann ganz besonders in den Blick, wenn es dunkel ist und sie angestrahlt werden, wie man es im Herbst und Winter am Abend und in der Nacht auf dem Forum Romanum sehen kann. Dann hilft adventliche Orientierung zu begreifen, was Papst Benedikt XVI. einmal im Blick auf unsere Epoche der Geschichte bemerkt: „Die Neuzeit wird häufig dargestellt als ein Erwachen der Vernunft aus dem Schlaf, als das Ans-Licht-Kommen der Menschheit, die aus dunkler Zeit emporsteigt. Ohne Christus reicht jedoch das Licht der Vernunft nicht aus, um den Menschen und die Welt zu erleuchten. (...) Im Geheimnis des fleischgewordenen Wortes klärt sich das Geheimnis der Menschen wahrhaft auf" (GS, Art. 22). Unermüdlich wiederholt die Kirche diese Botschaft der

Vier-Ströme-Brunnen, Piazza Navona

Hoffnung. Das ist „Gaudete": „Nicht nach eines Menschen Sinn, sondern durch des Geistes Hauch kommt das Wort in unser Fleisch und erblüht aus Mutterschoß" (GL 227,2).

Brunnen – Brücken – Bauten

Vertikale und horizontale Verbindungen

Rom ist die Stadt der Brunnen, Brücken und der großen Bauten. Bereits auf dem Petersplatz angekommen, nimmt der Pilger die belebende Wirkung des sprudelnden Wassers wahr, wie es in beiden Brunnen links und rechts der Ausbuchtung der Kolonnaden zu sehen ist. Was hier gerade an heißen Tagen Erfrischung verheißt, lässt sich an so vielen Orten der Stadt wiederfinden. Ob auf der Piazza del Popolo, an der Piazza di Spagna, auf der Piazza Navona oder Barberini oder an so vielen kleineren Plätzen: Immer interpretiert das Wasser eine Szene und bezieht den Betrachter mit ins Geschehen ein. Dass zudem an so vielen Stellen Roms reinstes Trinkwasser abgefüllt werden kann, zeigt, wie hier längst vor der aktuellen Klimaerwärmung in der Hitze Kühlung ermöglicht wurde. Auch das bringen die

Brunnen in der Stadt, die sich in den Sommermonaten so sehr aufheizen kann.

Rom ist zugleich die Stadt der Brücken. Von wo auch immer man sich dem Tiber nähert: Überall sieht man sie in ihrer mächtigen und prächtigen Architektur. Seitdem der Fluss Ende des 19. Jahrhunderts tiefer gelegt wurde, um die unmittelbar angrenzenden Wohngebiete vor Überschwemmungen und entsprechenden Ungezieferplagen zu schützen, treten die Brücken noch deutlicher in das Auge des Betrachters. So wie sie über den Tiber führen, verbinden sie die Stadtteile des einst antiken Roms mit den westlich gelegenen Bereichen. Dadurch wirken sie noch näher beieinander und zeigen beispielhaft am Ponte Umberto, was sie begründen: Verbindung.

Ohnehin haben Brunnen, Brücken und Bauten in Rom eines gemeinsam: Sie bilden Lebensströme ab, die in der Ewigen Stadt für den Pilger auch zu Glaubensströmen werden können. Sie stehen nicht selten vor großen Bauwerken und führen auf diese zu. Man will sie gesehen haben und ist oft schon vom äußeren Eindruck überwältigt. Dabei ist das nicht selten eher ein Understatement, denn in ihrem Inneren zeigen sie noch mehr. Der Palazzo Farnese am Campo de' Fiori ist nachts von innen beleuchtet, damit Touristen die großartigen Deckengemälde bestaunen können, die die heute dort untergebrachte französische Botschaft beim italienischen Staat vorzuweisen hat. Beim Palazzo Colonna ahnt keiner von außen, welche Pracht sein Inneres zeigt. Was heute schnell museal wirkt, waren einst Lebensräume, in denen sich Menschen bewegten, und wer hierhin kam bzw. von hier wegging, stieß an anderer Stelle auf ein ähnliches Niveau. Kunst, Kultur und Kirche bildeten eine Einheit, in der fließen konnte, was Identität und Mentalität formte. Kaum irgendwo wird das exemplarisch bewusster als beim Anblick des übergroßen Brunnens auf der westlichen Seite des Petersplatzes.

Brunnen fließen

Gerade auf diesen Brunnen bezieht sich das sogenannte „Dinggedicht" des Schweizer Dichters Conrad Ferdinand Meyer, zu dem er auf seiner Italienreise im Jahr 1882 im Angesicht dieses imposanten Bauwerkes inspiriert wird. Wenn man unmittelbar davorsteht, sieht man die übergroße Konstruktion und empfindet buchstäblich, was der Lyriker schreibt:

> Der römische Brunnen
>
> „Aufsteigt der Strahl und fallend gießt
> Er voll der Marmorschale Rund,
> Die, sich verschleiernd, überfließt
> In einer zweiten Schale Grund,
> Die zweite gibt, sie wird zu reich,
> Der dritten wallend ihre Flut,
> Und jede nimmt und gibt zugleich
> Und strömt und ruht."

Trevi-Brunnen, Piazza di Trevi

OLVTVM A·DOM·MDCCLXII

So wie hier der Wasserstrahl aufsteigt und fällt; so wie er im Sonnenlicht das feuchte Nass so erfrischend versprüht, wird verständlich, was Tradition in der Kirche ist: stets fließende Überlieferung. Beim Anblick dieses Brunnens verbietet sich jede Vorstellung von Kirche als etwas Statischem und wenn einmal das Wasser abgestellt ist, wirkt der Brunnen fremd – so als wäre er nicht das, wofür er geschaffen wurde. Das so treffliche Gedicht von Conrad Ferdinand Meyer ist die siebte Version einer Reihe von vorherigen Fassungen. Immer wieder hat er daran gearbeitet, um den Fluss des italienischen Lebens zum Ausdruck zu bringen. Es ging ihm darum, aufzuspüren, wie in allen scheinbar alltäglichen Objekten eine Poesie verborgen ist, die es mit der Zeit zu entdecken gilt. Bis zu dieser symbolischen Komponente ist der Dichter vorgedrungen, wenn er die Quelle des Wassers als das unverfügbare Prinzip des Gebens versteht und dem Betrachter vermittelt. Auf diese Weise vertieft er die Bedeutung des wasserspendenden Quells von Geben und Nehmen, ohne dass man die technischen Voraussetzungen beim Brunnen gleich erkennen kann. So eröffnet er weitgehende Möglichkeiten einer individuellen Interpretation seines Gedichtes.

So wie sich vor dem Auge des Betrachters die obere Schale füllt, wird der Augenblick zu einer Meditation über das Leben, das aus dem Wasser kommt. Geschöpflichkeit ist immer zuerst Gabe, die sich verdankt. Der nachdenkliche Pilger kann auf die gegebene Fülle seines Lebens blicken und begreifen, was daran zur Aufgabe wird. Überfluss interpretiert sich hier als Gnade, Glaube als Geschenk, Geschöpflichkeit als Dank. Was überfließt, drängt weiter und bringt Bewegung ins Leben, die weiterführt. Im Fluss des Wassers vermittelt sich gleichsam, wie sehr alles Lebendige Prozess ist. So wie das Wasser nicht einhält, kann auch der Mensch nie stehen bleiben. Ohne mit dem Strom zu schwimmen, gewinnt der Pilger Profil, wo er sich in den Fluss des Wassers stellt.

„Und jede (Schale) gibt und nimmt zugleich und strömt und ruht." Diese finale Aussage des Gedichtes von Conrad Ferdinand Meyer ist keine Interpretation des heute in religiös-pluraler und diffuser Hinsicht oft so verbreiteten Verständnisses von παντα ῥεῖ (panta rhei); kein Verständnis von Leben, das einfach so dahinfließt. So wie Wasser mit der Zeit Steine formen kann, will der Mensch zwar nicht mit allen Wassern gewaschen sein. Geht der Ausdruck des παντα ῥεῖ (panta rhei) auch ursprünglich auf den griechischen Philosophen Heraklit zurück, so beinhaltet seine „Flusslehre" doch eher, „dass man nicht zweimal in den gleichen Fluss steigen kann". Schon in diesem Flussfragment des Heraklit kommt zum Ausdruck, dass das Leben eben nicht beliebig ist. Der Pilger begreift im Blick auf den Brunnen, dass in allem Wandel auch etwas Stetiges enthalten sein muss, um nicht einfach mit der Masse bzw. der Zeit hinwegzuschwimmen. So wie sich der Dichter Johann Wolfgang von Goethe, ebenfalls ein großer Italienliebhaber, in seinem Gedicht „Dauer im Wechsel" auf Heraklit bezieht, will er gerade die Einmaligkeit und Einzigartigkeit eines jeden Menschen herausstellen, die es gerade im Fluss der Geschichte, dem sich zugleich keiner entziehen kann, zu profilieren gilt:

„Gleich, mit jedem Regengusse,
Ändert sich dein holdes Tal,
Ach, und in demselben Flusse
Schwimmst du nicht zum zweiten Mal."

Was der Pilger im Blick auf den Brunnen in seinem persönlichen Leben aufspüren kann, bringt ihn zugleich auf den Weg und führt in der Ewigen Stadt über so manche Brücke.

Brücken führen

Wer aus dem antiken Zentrum Roms direkt auf die Engelsburg zugeht, begibt sich auf den Ponte San Angelo. Er gilt als die schönste Brücke Roms und ist nicht nur ein geschätzter Aufenthaltsbereich für Touristen und eine beliebte Geschäftsplattform für Souvenirhändler. Kaiser Hadrian ließ die Brücke im Jahr 136 n. Chr. als Zugang zu seinem Mausoleum, aus dem später das Castel Sant Angelo hervorging, über den Tiber bauen. Gesäumt wird diese prachtvoll inszenierte Straße von zehn Statuen, Petrus und Paulus am Anfang der Brücke und weiteren acht Engeln auf beiden Seiten des Geländers. Sie begleiten und beschützen gleichsam die Flaneure in beide Richtungen.

Am Sockel der beiden römischen Stadtpatrone Petrus und Paulus sind Inschriften eingemeißelt, die die Herkunft und Ankunft beider in Rom in großer Bedrängnis erinnern. Bei der Figur des Petrus liest man „HINC HUMILIBUS VENI A (Daher Vergebung für die Demütigen)". Petrus erhält den Auftrag von Jesus, seine Herde zu weiden (vgl. Joh 21,15–23), nachdem er gleichsam den dreimaligen Verrat im dreimaligen nachösterlichen Liebesbekenntnis bereut. Das ist radikale Demut, größte Ehrlichkeit und tiefe Lauterkeit. So steht dieser Apostel am Anfang der Brücke, die auf seinen „ponti-fikalen" Dienst verweist. Brücken soll er fortan in Kirche und Welt bauen, damit Menschen diese beschreiten und zueinander finden können.

Paulus, der, auf der rechten Seite stehend, mit dem Schwert in der Hand dargestellt ist, zeigt sich kämpferisch engagiert als Völkerapostel. Er weiß: „Denn lebendig ist das Wort Gottes, wirksam und schärfer als jedes zweischneidige Schwert; es dringt durch bis zur Scheidung von Seele und Geist, von Gelenk und Mark; es richtet über die Regungen und Gedanken des Herzens; vor ihm bleibt kein Geschöpf verborgen, sondern alles liegt nackt und bloß vor den Augen dessen, dem wir Rechenschaft schulden" (Hebr 4,12–13). Paulus bezeugt, dass Glaube Entscheidung und Entschiedenheit braucht und keinen Hochmut verträgt. Die Inschrift „HNC RETRIBUTIO SUPER BIS (Daher die Vergeltung den Stolzen)" kann bewusst machen, dass der Mensch um seiner Authentizität willen immer wieder mit der Wahrheit seines Lebens konfrontiert wird. Der, der einst Christen ver-

Engelsbrücke über den Tiber

folgte, hat in seiner Bekehrung ganz zu Christus gefunden, allen Stolz abgelegt und erleidet schließlich in Rom für Christus den Märtyrertod.

Es sind die übergroßen Engelsgestalten auf beiden Seiten der Brücke, die auch in der inneren Fortsetzung dieses Weges die Leidenswerkzeuge Jesu in ihren Händen halten. Der Weg zum Himmel, für den der Hl. Michael als Erzengel auf dem Castel Sant'Angelo steht, ist in Wahrheit kein Spaziergang, auch wenn man das bisweilen vergessen mag, wo man im Strom der Touristen mitgeschoben und mitgezogen wird. An manchen Podesten der Engel ist die Inschrift so verblasst, dass man sie kaum noch entziffern kann. Manche Worte und Weisungen können auf dem Weg des Lebens verlorengehen, andere kommen unerwartet wieder, wo Ereignisse sie wieder wecken.

Sowohl der Blick von der Brücke über den Tiber in den Westen wie in den Osten der Stadt ist zielgerichtet. Die seitlichen Statuen lenken den Blick und lassen es gar nicht zu, sich anders auszurichten. Brücken schaffen horizontale Verbindungen. Dass es in diesem Bereich der Stadt so viele nebeneinander sind, von denen jede anders aussieht, hat auch damit zu tun, dass alle zielgerichtet sind. Ponte Vittorio Emanuele, Ponte Principe Amedeo, Ponte Mazzini, Ponte Sisto, Ponte Garibaldi, Ponte Fabrizio, Ponte Cestio, Ponte Rotto und noch einige weitere haben alle ihre je eigene Gestaltung und doch einen gemeinsamen Zweck: Verbindung zu schaffen. Über sie den Tiber zu überqueren, macht den Fluss gleichsam zum Jordan. Auf beiden

Seiten erwartet den Pilger gelobtes Land. Brücken zu bauen, ist ureigener pontifikaler Dienst; Verbindungen zu schaffen ist die Aufgabe der Kirche und aller Amtsträger in ihr.

Bauwerke erinnern

Wie sehr in Rom Bauwerke mit Brunnen korrespondieren, kann man vor allem auf der Piazza Navona sehen. Die heute bestehende architektonische Gestaltung kommt aus der Zeit des Barock. In der Mitte hebt sich die Fontana dei Fiumi des Künstlers Bernini heraus, die durch die Fontana del Moro – direkt vor dem Palazzo Pamphilj – und die Fontana del Nettuno auf der anderen Seite der Piazza Navona gesäumt wird. Die Zuordnung von Palästen, Kirchen und Brunnen macht den Platz zu einem der schönsten Roms. Alles basiert auf der ursprünglichen Stadionanlage des Kaisers Domitian (81–96 n. Chr.), der hier ein Areal für Wettkämpfe und Spiele geschaffen hatte. Noch heute kann man erkennen, wie die Fläche geflutet werden konnte. Der erhaltene Stadioncharakter hat später auch die Anordnung von Bauwerken beeinflusst und so befindet sich der Palazzo Pamphilj direkt neben der Kirche Sant'Agnese, die einst die Hauskapelle des Stadtpalastes der Familie war, aus der Papst Innozenz X. hervorging. Nachdem er zum Pontifex avanciert war, soll er dieses Bauwerk seiner Schwägerin Olimpia Maidalchini zum Geschenk gemacht haben.

Aber schon hier kann man gleichzeitig feststellen, wie prächtige Brunnen und gekonnte Bauwerke immer auch in Konkurrenz miteinander standen. Vor dem prächtigen Palazzo von Borromini findet sich das Werk von Bernini. Nicht nur die eindrucksvoll gestalteten Wasserläufe der Fontana dei Fiumi heben den Vier-Ströme-Brunnen vor dem Palazzo Pamphilj hervor und stellen ein Gleichnis der seinerzeit bekannten Erdteile vor. Indem Felsen aus dem Becken mit Wasser ragen, verbinden sie sich in der Mitte zu einer Tragfläche für den gewaltigen Obelisken. Galant ragen die vier Flussgötter der großen Ströme der jeweiligen Kontinente – Nil, Ganges, Donau und Rio de la Plata – mit den in ihnen jeweils heimischen Pflanzen und Tieren auf. Was diesen Brunnen aber besonders in Szene setzt und den Pilger nachdenklich machen muss, ist die Rivalität der beiden Baumeister. Der Neid als die zu allen Zeiten anzutreffende Ursünde des Menschen, die den anderen klein macht, um sich selbst zu erhöhen, die Versuchung, sich selbst nach vorne und ins rechte Licht zu rücken, damit der andere und sein Werk klein und im Dunkel erscheinen, muss für den einzelnen Betrachter zur Gewissenserforschung werden. So berichtet der Volksmund, dass der Nil den entsetzlichen Stil- und Baufehler des Borromini nicht ertragen könne und sich die Figur die Augen verdecken lasse, um das Werk des Kontrahenten nicht mit ansehen zu müssen. Eine andere Version deutet die erhobene Hand des Rio de la Plata als Abwehr der Architektur des Palastes. Alles in allem: Bernini gegen Borromini; das Ich gegen das Du! Nicht Konkurrenz belebt das Geschäft, sondern eher Kain gegen Abel!

Detail des Vier-Ströme-Brunnens, Piazza Navona

Wie auch bei den anderen Stadtpalästen der großen römischen Familien, die wechselhaft in der Renaissancezeit die Päpste stellten (Palazzo Borghese, Farnese und Colonna), ist es zunächst die beeindruckende Fassade, auf die man zugeht. Die Stimmigkeit der Maße gibt dem Betrachter Muße. Hier bildet sich gleichsam etwas vom geordneten Gefüge der Schöpfung ab, das dem Menschen Orientierung und Überblick gibt. Es ist die Symphonie von Formen und Maßen, die den Pilger zum Staunen bringt. Großes zu sehen, erhebt immer und lässt nach der Geschichte fragen.

Bauwerke erinnern den Betrachter. Dabei sind es nicht zuerst die Jahreszahlen, sondern die Ereignisse, die hier stattgefunden haben. Wer waren die Menschen, die hier gelebt haben? Wie sind sie miteinander umgegangen? Lebensgeschichten und Sozialgeschichte faszinieren immer mehr als Faktengeschichte. Sich dann selbst in solche Räume zu begeben und sich in ihnen zu bewegen, macht den Reiz ihres Ambientes aus. Was dann bisweilen für Touristen kommerziell inszeniert wird, will der Pilger Schritt für Schritt entdecken; sozusagen auf leisen Sohlen und mit einem Blick für Details.

Eines erschließt sich schnell, wenn man in das Interieur solcher Palazzi kommt. So wie Treppen hier vom großen inneren Atrium ausgehen und der Besucher sie beschreiten kann, gewinnt er Stufe um Stufe ein Gefühl für die hier erinnerte Geschichte. So lässt sich zum Ausdruck bringen, welche Einsicht dabei wachsen kann und welche neue Sinnstiftung sich dadurch für das eigene

Leben erschließt. Wo Pilger in Erinnerungen aufsteigen, kommen sie in Demut wieder herunter. Auf der Treppe zeigt sich, wo man sich festhalten und auftreten kann, wenn der Alltag Aussicht braucht.

Basilika Santi Quattro Coronati mit ihren zwei Innenhöfen

Auf der Schwelle stehen – nach innen schauen

Immer besteht Pilgern auch darin, in sich zu ergründen und aufzutun, was an Glauben noch da ist. Das Leben bringt es bei vielen Menschen im Laufe der Jahre auch mit sich, dass Türen zugefallen sind und manche geistige wie körperliche Beweglichkeit abgenommen hat. Beziehungen mögen eingeschlafen oder gar abgebrochen sein, Leidenschaft und Liebe kann erkalten. Dann kann es helfen, einmal bewusst aus dem Alltag herauszutreten, sich selbst der Veränderung auszusetzen und an anderen Orten neu wahrzunehmen, was der Wiederbelebung bedarf. Herzensbildung in der Horizonterweiterung ist das Ziel aller Wallfahrt. Unterwegs, in der Stille und im Impuls durch neue Orte zu begreifen, was gesagt und wo geschwiegen werden soll, kann zum Geschenk auf der Schwelle werden. Dann ist der erste Schritt schon die Hälfte des Weges – oder sogar, wie der Philosoph Aristoteles sagt: „Der Anfang ist mehr als die Hälfte des Ganzen!"

Die Heilige Pforte

Porta aperis – cor magis

Am Weihnachtsfest 2024 wird das Heilige Jahr in Rom eröffnet. In der Regel findet es alle 25 Jahre statt. Pilger aus der ganzen Welt kommen dann in die Ewige Stadt. 44 Millionen werden 2025 erwartet. Wenn dann Papst Franziskus in Sankt Peter die Heilige Pforte öffnet, wird sie zur Schwelle, über die so viele Besucher gehen werden. Auch in den anderen drei Patriarchalbasiliken Roms, im Lateran, in Santa Maria Maggiore und in Sankt Paul vor den Mauern, werden nach dem Heiligen Jahr der Barmherzigkeit 2015/2016 wieder die zugemauerten Portale geöffnet. Jedes Mal erinnert die Kirche sich dabei an den erwähnten Satz, den der Hl. Papst Johannes Paul II. bei seiner Einführung in den Petrusdienst 1978 so kraftvoll sprach: „Habt keine Angst! Öffnet, ja reißt die Tore weit auf für Christus!"

Fenster und Türen für den Glauben zu öffnen und sich nicht zu verschließen, ist von jeher Aufgabe und Herausforderung für die Kirche. Vor 60 Jahren hat der Hl. Papst Johannes XXIII. das Wort vom „Aggiornamento" geprägt. Er wollte damit sagen, dass die Kirche im Heute ankommen muss und dafür immer wieder die Fenster aufreißen muss. Schon bald musste die Kirche aber auch lernen, dass zu viele geöffnete Fenster Durchzug

Papst Franziskus öffnet die Heilige Pforte in Sankt Peter

schaffen können und dann vor allem schon leicht geöffnete Türen zuknallen können.

Wer sich im Heiligen Jahr 2025 und darüber hinaus in Rom der Heiligen Pforte in langen Warteschlangen annähert, begreift, dass es im Glauben nicht darum gehen kann, „mit der Tür ins Haus zu fallen". Manchmal tut die Muße der Wartezeit gut, um bewusster auf das Ziel zuzugehen. Die Tür zu kennen, ist wie nach Hause kommen. Früher war es auf den Dörfern so, dass alle wussten, wo beim anderen der Hausschlüssel lag – auch wenn die meisten Türen nicht mal über Nacht abgeschlossen wurden. Zu wissen, wo der Schlüssel liegt, das ist Heimat – ganz so, wie es der Dichter Novalis einmal fragt: „Wohin gehen wir?" – Und dann seine Antwort: „Immer nach Hause!"

Das ist der tiefere Sinn einer Wallfahrt: heimzukehren. Wobei sich der Pilger dann immer auch dem Wort des Komikers Karl Valentin stellen muss: „Heute besuche ich mich. – Hoffentlich bin ich zuhause!" Bei sich anzukommen, bedeutet für den Wallfahrer, der seinen Weg sucht, bei Gott anzukommen. Den Schlüssel zu seinem Inneren findet nur, wer sich so auf den Weg macht, dass er nicht nur bei sich bleibt. In diesem Sinn ist die Heilige Pforte in Rom ein Bild für das Tor zur eigenen Seele. Drei Schritte sind notwendig, um hier einzutreten und zu verweilen.

Die Türe suchen

In einer nachdenklichen Kurzgeschichte beschreibt der Philosoph und Schriftsteller Franz Kafka, wie er sich auf den Weg nach Hause macht. Er nennt sie „Heimkehr". Nach vielen Jahren einer inneren und äußeren Entfernung sucht er die Fährte zurück in sein Elternhaus. Al es ist noch vertraut und doch so fremd. Er zögert, die Küche zu betreten, wo er seine Familie wähnt, und traut sich doch nicht.

Kafka schreibt wörtlich: „Ich wage nicht an der Küchentür zu klopfen. Nur von der Ferne horche ich, nur von der Ferne horche ich stehend, nicht so, dass ich als Horcher überrascht werden könnte. Und weil ich von der Ferne horche, erhorche ich nichts, nur einen leichten Uhrenschlag höre ich oder glaube ihn vielleicht zu hören, herüber aus den Kindertagen. Was sonst in der Küche geschieht, ist das Geheimnis der dort Sitzenden, das sie vor mir wahren." Und Kafka stellt dann fest: „Je länger man vor der Tür zögert, desto fremder wird man. Wie wäre es, wenn jemand die Tür öffnete und mich fragte."

Die Türe zu suchen, bedeutet nicht selten, die Wände so lange abzutasten, bis wir sie in der Dunkelheit des Lebens gefunden haben. Menschen, die sich ausgeschlossen fühlen, sehen nicht den Ausgang, der zum Eingang werden kann. Sie haben das Gefühl, auf der Stelle zu treten und nicht mehr weiterzukommen. In solcher Gefangenschaft will der Glaube helfen, die Tür zum Ausstieg zu finden und zu öffnen, was verschlossen scheint.

Schon vor über zehn Jahren (2010) hatte Papst Benedikt XVI. mit Worten zum Jahr des Glaubens eingeladen, die Inklusion vermitteln wollten. Er schrieb damals: „Die ‚Tür des Glaubens' (vgl. Apg 14,27), die in das Leben der Gemeinschaft mit Gott führt und das Eintreten in seine Kirche erlaubt, steht immer offen." Auch wenn manchmal der Alltag des Lebens dagegenzustehen scheint, bringt der Engel Gottes (im letzten Buch der Bibel) der Gemeinde in Philadelphia die Botschaft: „So spricht der Heilige, der Wahrhaftige, der den Schlüssel Davids hat, der öffnet und niemand wird schließen, der schließt und niemand wird öffnen. (...) Ich habe vor dir eine Tür geöffnet, die niemand mehr schließen kann" (Offb 3,7.8).

Die Tür zu suchen, bedeutet, den Schlüssel zu finden. Das Schriftwort aus der Offenbarung des Johannes ist in einer Zeit geschrieben, als unter dem römischen Kaiser Domitian (81–96 n. Chr.) in Rom die Bedrängnis für Christen groß ist, weil sie verfolgt werden. Sie tappen im gesellschaftlichen Alltag im Dunkel – wie an der Wand lang – und suchen die Tür in die Freiheit. Sie sind bereit, auszuharren in dem Gefühl, nicht zur Gesellschaft dazuzugehören, geächtet zu sein und doch den Schlüssel aus diesem Gefängnis zu kennen. Sie wissen darum, dass die Tür von anderer Seite aufgetan werden muss; dass da einer ist, der sie so öffnet, dass niemand sie mehr schließen kann.

Nach Gott fragen bedeutet, diese Tür zu suchen. Ihn finden, hilft, das Wort Jesu im Johannesevangelium zu verstehen: „Amen, amen ich sage euch: Ich bin die Tür; wer durch mich hineingeht, wird gerettet werden; er wird ein- und ausgehen und Weide finden" (Joh 10,7a.9). Wenn Menschen zur Türe werden, über die wir zu Gott finden, stehen wir sozusagen schon auf der Schwelle und bekommen ein Zweites in den Blick.

Den Griff ertasten

Wenn der Papst an Weihnachten 2024 die Heilige Pforte in Sankt Peter in Rom aufstößt, berührt er dabei ihre Mitte. Wo sich gewöhnlich der Türgriff befindet, sieht man zwei Bildfelder. Mit seinen beiden Händen berührt der Hl. Vater dann die Szenen der Pforte, die das Leiden und den Kreuzestod Jesu zeigen. Im Limburger Dom gibt es ein Fresko, das sich rechts vom Chorraum befindet. Die „traditio legis" ist hier zugleich eine Interpretation von Joh 21. Petrus erhält den Schlüssel, dessen Bart das Kreuz Jesu zeigt. Manche Türen im Leben und im Glauben lassen sich nur auftun, indem wir das Kreuz berühren. Sich öffnende, geöffnete Türen sind ein sprechendes Symbol. Sie holen den Menschen in einen neuen Raum. Sie erschließen eine neue Welt. Türen machen neugierig und der Betrachter möchte wissen, was sich hinter ihnen verbirgt. Wo uns eine Tür geöffnet wird, ist das eine große Geste des Entgegenkommens. So ist Gott, und zu dieser Gewissheit will uns das Heilige Jahr führen.

Wir kennen die physikalische Beobachtung: Türen, die wir aufgetan haben, bleiben nicht immer offen stehen; Flügel geben nach, wenn sie nicht gehalten werden, und irgendwann fällt die Türe ganz zu. So kann es Menschen auch im Glauben gehen. Wo Türen nicht offen gehalten werden durch Gebet und Gottesdienst, durch Gespräch und Gemeinschaft, durch Katechese und Lektüre, können sie wieder zufallen. Dann wird der Glaubens- und Lebensraum, in dem der Mensch sich bewegt, oft unbemerkt kleiner. Weil bei vielen die Türe zugefallen ist, die Gott einst in Taufe und Firmung geöffnet hat, braucht es die neue Entdeckung, dass die Türe nicht ins Schloss gefallen, sondern nur angelehnt ist; dass sie sich öffnen lässt, wo wir sie berühren. Weil Glaube mehr ist als ein Gefühl, vermittelt sich seine Tragkraft nur, wo wir uns den inneren Gehalt erschließen lassen und darüber in das größere Geheimnis finden, das Gott ist.

Auf der Schwelle ergibt sich eine Tuchfühlung mit der Tür, die ein besonderes Gespür für die Ernsthaftigkeit des Augenblicks erzeugt. Mancher erinnert sich an das Herzklopfen beim Griff zur Tür, die in besondere Begegnungen geführt hat. Nicht zu wissen, was mich dahinter erwartet, macht solche Momente so bedeutsam.

Sich öffnende und erst recht geöffnete Türen sind ein sprechendes Symbol. Sie holen den Menschen in einen neuen Raum. Sie erschließen eine neue Welt. Wo uns eine Tür geöffnet wird, ist das eine große Geste des Entgegenkommens, und sie anderen offen zu halten, ist oft der Anfang einer Evangelisierung. Zu dieser Einsicht will uns das Heilige Jahr des Glaubens führen. Das Wort des Hl. Augustinus „porta patet – cor magis (Die Tür steht offen – mehr noch das Herz)“ holt den Skeptiker in den Raum des Glaubens, in dem sich gedankliche Zweifel verlieren und eine emotionale Weite spürbar wird.

Detailansicht, Heilige Pforte in Sankt Peter

Den Raum betreten

Menschen, die sich an kleine Räume gewöhnt haben, fühlen sich in größeren oft verloren. Die Räume, die ein Mensch durchschreitet, prägen ihn in seinem Denken. Je kleiner der Bewegungsradius, desto begrenzter ist auch der Blick. Umso überwältigender ist dann der Eindruck, wenn man auf der Schwelle der Heiligen Pforte in Sankt Peter steht, die den Blick in diesen erhabenen Raum freigibt.

Gleich im hinteren Teil des Petersdomes, unmittelbar nach dem Betreten, sieht man die kreisrunde Porphyr-Scheibe, auf der – der Überlieferung nach – Karl der Große einst von Papst Leo zum Kaiser gekrönt worden sein soll. Hier berührt der Betrachter große Geschichte; hier stellt sich der Pilger auf das Fundament gewachsener Strukturen, wie sie vor allem für den europäischen Raum prägend wurden. Hier kann man nicht aussteigen, sondern muss sich allem stellen, was an Höhen und Tiefen mit dieser Geschichte verbunden ist. Hier schaut man nach vorne und erkennt zugleich, wie weit der Weg verläuft, der zurückzulegen ist, um im Zentrum des Glaubens anzukommen. Man geht ihn hier auf einem prachtvoll gestalteten Boden, der Steinintarsien zu floralen Mustern fügt. Auf dem Boden sind die Namen bedeutender Kirchen und Kathedralen eingelassen – nach Größe geordnet – und doch alle kleiner als der Petersdom. Hier lernt der Pilger sich zu relativieren und zu begreifen, dass die universale Kirche immer größer ist als das, was er mitbringt und ihm vertraut ist.

Und immer wieder schaut man nach oben auf die so reich gestaltete Decke, die vermittelt, wie viel größer der Raum des Glaubens wird, wo der Mensch seine sich selbst zurechtgelegten Denkweisen von Glaube und Kirche überwindet und sich in den Raum der größeren Gemeinschaft stellt. Diese Communio begleitet den Pilger. Vorbei am Grab des Hl. Papstes Johannes Paul II., mit dem Blick auf die große Statue des Hl. Papstes Paul VI., gelangt der Pilger nach vorne unweit vom Grab des Hl. Johannes XXIII. Jener Papst, der das Charisma besaß, das Zweite Vatikanische Konzil auszurufen, von dem aber viele sich fragten, wie er es zu Ende führen könnte, sodass die Kirche Erneuerung fände, ohne im Schisma zu enden. Und dann die Dankbarkeit für einen Hl. Paul VI., der wahrscheinlich nie ein Konzil einberufen hätte, aber die große theologische und spirituelle Gabe besaß, es zu einem guten Abschluss zu führen. Es sind die Heiligen und Seligen am Weg und nicht selten am Rand, die den Pilger die Mitte wiederfinden lassen.

Über dem Altar des Petersdomes erstreckt sich der gewaltige Baldachin, wie er von Bernini aus den Bronzeplatten gefertigt wurde, die einst die Kassettendecke des Pantheon zierten. Sein Dach unter dem Dach der Kuppel birgt zugleich das Grab des Apostels Petrus mit der Confessio. Ganz unten, gleichsam im Graben des Glaubens, will aus der Begegnung mit dem authentischen Glauben die Kraft zum Zeugnis aufsteigen. Im Blick auf die Grablege von Petrus, der nach seinem Martyrium für Christus hier bestattet wurde, kann der Pilger die wahre Originalität des Glaubens in sich aufnehmen.

Ganz in der Nähe des Grabes von Papst Benedikt XVI. begreift man hier in der Tiefe, was dieser große Glaubenszeuge einmal so ins Wort gebracht hat: „Der Mensch muss aufsteigen lernen. Er muss weit werden. Er muss am Fenster stehen. Er muss Ausschau halten. Dann kann das Licht Gottes ihn anrühren, er kann ihn erkennen und von ihm her den wahren Überblick gewinnen." Wer in diesem Bewusstsein des Glaubens dann auf das Heilig-Geist-Fenster aus Alabaster im Chorraum von Sankt Peter schaut, sieht die Schwingen einer Taube, die mit nach oben zieht. „Nichts ist schwer, sind wir nur leicht!", mag der Pilger dann denken und spätestens hier realisieren, dass die Tür, durch die er die Basilika betreten hat, die Heilige Pforte ist. Auf der Schwelle zum Raum des Glaubens wird die Seele weit und das Herz schlägt in einem anderen Rhythmus. Wo die Tür offen steht, öffnet sich das Herz – „Porta aperis – cor magis"!

Bereitschaft zur Bewegung

Wallfahrt als Wesenszug

Sich auf den Weg zu machen und in Bewegung zu halten, gehört konstitutiv zum Menschsein. Auch

Mittelschiff von Sankt Peter

wenn heidnische, modern-gesellschaftliche und christliche Auffassungen vom Pilgern viele Schnittmengen im Verständnis und in der Motivation erkennen lassen, so stellt sich doch im Kontext von Sinnsuche und damit immer einhergehenden Grenzerfahrungen die Frage, was das Spezifische des christlichen Unterwegsseins ist. Wenn eben nicht der Weg das Ziel ist, wie postmoderne Lebensbeschreibungen es oft postulieren, bleibt zu beschreiben, wie angesichts zu erlebender und oft erlittener Beschleunigung der alltäglichen Gegenwart die Existenzform des Pilgerns den Menschen unserer Zeit die Möglichkeit eröffnet, seine verschiedenen Lebens- und Erlebnisepisoden durch eine letztgültige Zielausrichtung sinnvoll zu verbinden. Wallfahren in der Konfrontation mit inneren wie äußeren Widerständen ist nicht nur lebensdienlich, sondern gottvoll. Das als Ziel zu begreifen, ist immer ein Prozess, den man in Rom besonders gut beobachten kann.

Der Tourist

Wer dezidiert als Pilger nach Rom kommt, sieht und ärgert sich bisweilen über die, die hier sind und nur laufen, um die Stadt mit ihren Sehenswürdigkeiten zu erkunden. Man will überall dort gewesen sein, wo Reiseführer sagen, dass man dieses und jenes Objekt gesehen haben muss. Man folgt diesen Hinweisen und lässt sich mehr in der Masse schieben, als dass man selbst bewusst geht. Man gewinnt den Eindruck, als seien hier

Vagabundierende unterwegs. Andere verhalten sich mehr wie Flaneure, die gehen und stehen bleiben, wo es sich scheinbar lohnt, hinzuschauen. Man hat sie im Blick, wenn die Soziologie von der „passageren Religiosität" spricht. Für viele Menschen besteht heute die Annäherung an Geschichte und Kultur in diesem Habitus. Wie weit und wie tief sie sich berühren lassen, bleibt ihr Geheimnis und verbietet jede Bewertung. Weil die Wallfahrt immer ein Weg zu Gott und zu den Menschen ist, beginnt das Tragende oft mit dem Passageren. Was mit der Zeit im Anschauen und in der Begegnung, in Erläuterungen am Rande, im Eintauchen in gelebte Praxis und in einer Konfrontation mit Neuem beginnt, provoziert eine innere Antwort. Im Gespräch darüber mit anderen wird daraus eine Stellungnahme und hier beginnt, was der Dichter Friederich Hölderlin ins Wort bringt: „Viel hat von Morgen an (...) erfahren der Mensch; bald aber sind wir Gesang."

Sich noch nicht festlegen zu müssen, um frei zu bleiben, weiter zu suchen oder es zu lassen, ist das Kennzeichen des Flaneurs. Wo das Zeugnis des Lebens ihn affiziert, kommt er ins Nachdenken und Fragen. Erst danach kann er nach dem Zeugnis des Wortes suchen. Weil gerade eine Stadt wie Rom mit ihrer Geschichte und Kultur, ihrer Repräsentanz und Gegenwart des Christlichen dazu einlädt, religiös im Vorübergehen zu werden, wird eine Wallfahrt in dieser Stadt zu mehr als dem Anreiz von Ästhetik. Vielmehr verkörpert die Ewige Stadt einen Gegenmythos in der Moderne, der – wie Soziologen sagen – „religionsproduktiv" werden kann.

Touristen und Pilger auf dem abendlichen Petersplatz

Der Typ des Flaneurs kann zum Pilger werden, indem er entdeckt, dass der Mensch den Glauben nicht hinter sich lassen kann, wenn er vorankommen will. Seine Entdeckung besteht gerade darin, zu erkennen, was ihm eigentlich fehlt, wenn er scheinbar alles hat und doch sieht, wie wenig er über sein Leben als Ganzes verfügen kann.

Der Pilger

Anders der Pilger! Er geht von den Voraussetzungen aus, die der Flaneur möglicherweise als Ziel vor Augen hat. Er ist Wegsucher und Glaubender zugleich. Was ihn an Rom faszinieren kann, ist, zu jener großen Geschichte des Glaubens zu gehören, die sich hier manifestiert. Mag auch für manchen am Anfang des Weges die sportliche Herausforderung stehen, viel und weit zu gehen, so macht doch mit der Zeit immer mehr die Annäherung und Begegnung mit anderen Kulturen nachdenklich. Auch die Konfrontation mit den eigenen Grenzen und die Angewiesenheit auf die Gastfreundschaft anderer kann zum besonderen Geschenk des Weges werden. Wo sich das mit der inneren Ausrichtung und Erwartung verbindet, ein Ziel zu erreichen, steigert es das Bewusstsein, Pilger zu sein. In Rom an jenen Orten anzukommen, die sich mit wichtigen Begebenheiten der Kirchengeschichte verbinden, macht den Pilger selbst zum Genossen einer großen Genealogie. In der Vorbereitung und im Zugehen auf die Ziele eines

Tages ist es immer die stetige rhythmische Bewegung, die dazu führt, dass sich die Gedanken auf das eigene Leben und den angestrebten Ort konzentrieren. Immer ist die Motivation zum Aufbrechen gegenwärtig, auch wenn sie sich unterwegs wandeln mag. In allen Erfahrungen von Fremde und Unsicherheit, Mobilität und Flexibilität, eigenen Grenzen sowie der Gastfreundschaft anderer bleibt das Pilgern eine Suche nach dem, was dem eigenen Leben Sinn gibt. Es ist gleichsam eine Veräußerung bisheriger innerer Lebenserfahrungen, die sich vom Aufbruch bis zum Ziel in einem Gebet von Adolf Exeler als Sehnsucht spiegeln:

„Sei mit uns, Herr, auf unserem Weg,
geh mit uns Schritt für Schritt.
Mache unsere tauben Ohren auf.
Lass unsere blinden Augen sehen.
Gib den verzagten Herzen Mut.
Lass uns in Angst nicht untergehen.

Gib uns von deinem Heiligen Geist,
den Geist der Eintracht und der Weisheit,
den Geist der Wahrheit und der Liebe,
damit nicht einer gegen den andern kämpft.

Lass uns in deinem Geist Kirche werden
und weitersagen, was uns im Glauben stärkt.
Lass uns dich finden in der Mahlgemeinschaft,
die um deinen Tisch versammelt ist,
damit im Zeichen des gebrochenen Brotes

wir dich erkennen als den einen Herrn,
der uns in Liebe auf dem Weg begleitet
und als Boten ausschickt in die Welt.
Wir bitten, bleibe bei uns, Herr, jetzt und an
jedem Tag."

Der Konvertit

So wie dieses Gebet die Erfahrung der Emmausjünger als Pilger aufgreift (vgl. Lk 24,13–35), markiert es eine Wallfahrt als Weg mit Phasen und Stufen. Schon die Kirchenväter sprechen vom „inneren" Pilgerweg der Seele als Aufstieg zu Gott. Sie unterscheiden Stufen, die nach inneren Wegabschnitten erreicht werden, und sprechen von Konversionen, die mit dem Erreichen bestimmter Tugenden einhergehen. Sich von schädlichen Lebenswegen und Entscheidungen loszusagen, dem Bösen gleichsam abzuschwören, ist jene bewusste Hinkehr und Umkehr zu Gott (Konversion). Sie unterscheidet sich schon im begrifflichen Verständnis vom herkömmlich gemeinten Konfessionswechsel. Der französische Theologe Hervé Legrand unterscheidet in diesem Sinn den Pilger vom Konvertiten als Mensch mit unterschiedlichen Glaubenswegen und -erfahrungen. Für ihn ist der Konvertit in seiner dezidierten Entscheidung für Gott derjenige, der am weitesten durch Kontemplation in die geistliche Erleuchtung und damit in die Verähnlichung mit Gott gefunden hat.

Beter auf der Scala Santa (Heilige Stiege)

Rom bringt gleichsam „auf dem Weg" in die Begegnung mit dieser Entschiedenheit. Unsere schon fast sprichwörtliche Bemerkung „Quo vadis?" geht auf eine Legende zurück, deren geschilderte Begebenheit sich auf dem Weg in die Ewige Stadt ereignet haben soll. So findet sich in den apokryphen Petrusakten jene Erzählung, nach der der Apostel bei seiner Flucht aus Rom Christus getroffen und gefragt haben soll: „Domine, quo vadis? (Wohin geht du, Herr?)" Petrus erhielt von Christus – so die Legende – die Antwort: „Romam venio iterum crucifigi (Nach Rom, um mich erneut kreuzigen zu lassen)". Daraufhin soll Petrus umgekehrt sein; er wurde in Rom gefangen genommen und gekreuzigt. Außerhalb des südlichen Stadttors, der Porta San Sebastiano, an der Via Appia in Rom, wo das legendäre Ereignis stattgefunden haben soll, steht heute die Kirche „Domine Quo Vadis". Hier wird eine Kopie der Fußabdrücke Jesu gezeigt, die einladen wollen, in diese Fußstapfen des Glaubens zu treten.

Von Anfang an ist die Kirche eine Bewegung in konzentrischen Kreisen. Sie will und muss Platz haben für alle: die Flaneure, die Pilger und die Konvertiten. Aber nur in dem Maß, in dem einige die Entschiedenheit leben, kann sie an anderer Stelle tastende Zugänge eröffnen. Offenheit ist möglich, wo Identität gelebt und bezeugt wird, und Sendung setzt immer Sammlung voraus.

Die Piazza in Rom

Navigation für die Neuevangelisierung

Kaum etwas spiegelt so sehr die italienische Mentalität wie eine Piazza in Rom. Zwischen Möwen und Tauben, die vor allem hier finden, was sie zum Fressen suchen, sieht man die Gehetzten wie die, die sich ein Plätzchen in der Sonne gesucht haben. Ob in Hektik oder Ruhe, für alle ist die Piazza das gemeinsame Wohnzimmer der Stadt. Meistens findet man dort auch Cafés und Restaurants. Hier treffen sich alle Generationen. Hier bildet sich ab, was alle angeht. Hier sieht man, was eine Gesellschaft ausmacht. Hier eilen die Reichen und hier leben die Armen. Meistens befindet sich ein Obelisk oder ein markanter Brunnen in der Mitte. Daneben sitzen dann jene, die hier im Sommer Erfrischung suchen und zu anderen Jahreszeiten ihre Siesta halten. Schon allein das Klima macht es möglich, dass das Leben draußen stattfindet. Den blauen Himmel zu sehen und nach dem Regen Rom wie gewaschen zu erleben, ist der besondere Reiz – gerade auf den Plätzen.

Weil das Leben auf der Piazza stattfindet, kann man hier studieren, was Menschen suchen, wovon und wofür sie leben. Ohne zunächst direkt vom Glauben zu sprechen, sind es die Gesten, mit denen eine neue Evangelisierung beginnt. Ein freundlicher Blick, geübte Rücksichtnahme und allein schon die Wahrnehmung des anderen neben mir tut allen gut. Wer Gelassenheit ausstrahlt, vermittelt, was der Hebräerbrief Christen in der Fremde verheißt: „Also verbleibt dem Volk Gottes noch eine Sabbatruhe" (Hebr 4,9). Auf einer römischen Piazza im Schein der Sonne stecken die Worte der Pfingstsequenz an: „In der Unrast schenkst du Ruh, hauchst in Hitze Kühlung zu." Ausstrahlende Ruhe und Gelassenheit vermitteln Souveränität und entblößen alle Wichtigtuerei und falsche Geschäftigkeit. In diesem Sinn spricht die Bibel von jener Grundhaltung, mit der alle Evangelisierung beginnt: „Denn wer in seine Ruhe eingegangen ist, der ruht auch selbst von seinen Werken aus, wie Gott von den seinigen. Bemühen wir uns also, in jene Ruhe einzugehen" (Hebr 4,10–11). So betrachtet, ist eine Piazza in Rom nicht weit entfernt vom Evangelium. Eine Navigation, die von hier ausgeht, kann uns an drei Orten mit spezifischen Aspekten einer neuen Evangelisierung konfrontieren. Drei Plätze mit unterschiedlicher Prägung können das exemplarisch bewusst machen.

Piazza del Popolo

Hier kam schon 1786 der Dichter Johann Wolfgang von Goethe an und vor wie nach ihm so viele andere. Der erste Eindruck, der sich hier vermittelt, ist Weite und Geborgenheit. In seinem Buch „Die italienische Reise" schreibt Goethe: „Nun bin ich hier (auf der Piazza del Popolo) und ruhig und, wie es scheint, auf mein ganzes

Leben beruhigt. Denn es geht, man darf wohl sagen, ein neues Leben an, wenn man das Ganze mit Augen sieht, das man teilweise in- und auswendig kennt." In aller äußeren Hektik dieses Platzes jene innere Ruhe zu finden oder in sich zu spüren, zeigt auch, wo Evangelisierung ansetzen will. Der Schriftsteller Hanns-Josef Ortheil deutet diese Gemütsbeschreibung bei Goethe als die „Szenerie einer zweiten Geburt" und schreibt: „Mit dem Betreten der Ewigen Stadt (auf der Piazza del Popolo) gab es in der eigenen Biographie ein Davor und ein Danach, eine Zeit der Vorbereitung und Erwartung sowie eine Zeit der Erfüllung."

In diesem Rhythmus schwingt der Glaube. So wie die großen Feste des Kirchjahres eine Zeit der Vorbereitung und eine Zeit der Vertiefung haben, ist auch Evangelisierung ein Prozess, dessen Dynamik zunimmt, je näher der Pilger den Worten und dem Wesen der Hl. Schrift kommt. Frei von den Themen und Aufgaben des Alltags finden Pilger hier in dem, was sie von Bildern und Fotos längst kennen, mit einem Mal eine Botschaft, die sich in ihr Bewusstsein eingräbt. Als Papst Sixtus V. gegen Ende des 16. Jahrhunderts diese Piazza neu gestalten ließ, wurden die beiden Zwillingskirchen Santa Maria dei Miracoli und Santa Maria in Monte Santo errichtet. Zusammen mit der Kirche Santa Maria del Popolo, einem der ersten Renaissancebauten Roms, gestalten sie diesen Platz des Volkes, sodass der Blick sich nicht verflüchtigen kann und Gedanken verlorengehen, die sich hier vermitteln. In der Weite und Geborgenheit der Piazza del Popolo wächst auch der Mensch über sich hinaus. Sich auszustrecken nach mehr, ist nicht nur der Anfang einer Evangelisierung, sondern hier auch der Wunsch, in die größere Geschichte dieser Stadt einzutreten. Drei Straßen, die wie ein Pfeil auf diesen Platz zuführen, ziehen den Pilger buchstäblich in den Trubel Roms hinein: rechts die Via di Ripetta, nahe am Tiber gelegen, in der Mitte die Via del Corso, die schnurgerade als Einkaufsmeile auf die Piazza Venezia zuläuft, und links die Via del Babuino, die zur Piazza di Spagna führt.

Piazza di Spagna

Optischer Mittelpunkt dieses Platzes ist ein Nachen. Am Fuß der berühmten Spanischen Treppe gelegen, erinnert er an eine Begebenheit, die der dänische Dichter Hans Christian Andersen überliefert. Demnach sei im ausgehenden 16. Jahrhundert der Tiber einmal so hoch gestiegen, dass er ein Boot auf die Pizza di Spagna spülte. Als dann plötzlich das Wasser wieder absank, blieb das Schiff mitten auf dem Platz liegen. Die weitere legendenhafte Ausschmückung dieses Ereignisses erzählt, dass Michelangelo bereits die Zeichnung für die Gestaltung eines Springbrunnens an dieser Stelle konzipiert hatte, dann aber – was wohl eher der Wahrheit entspricht – der Vater Berninis, Pietro Bernini, diese so ansprechende Fontana della Barcaccia geschaffen hat. Diese Barkasse inmitten der auch hier anzutreffenden Geschäftigkeit des Platzes, die stets von vielen Menschen umringt ist, kann zu einem evangelisierenden Bild von Kirche werden.

„Ein Schiff, das sich Gemeinde nennt, fährt durch das Meer der Zeit": In diesem neueren geistlichen Lied klingt an, dass die Kirche zu allen Zeiten ikonographisch und spirituell als Boot gesehen und verstanden wurde. Dazu gehören alle Wetter, in die ein Schiff geraten kann. Mehr als die sprichwörtliche und oft pauschal benutzte Redewendung, nach der „alle Mann ins Boot" gehören, um Zusammengehörigkeit zu reklamieren, geht es beim Bild der Kirche als Schiff darum, dass sie Christus zu tragen und zu zeigen hat, der in den Gläubigen lebt. Ein adventliches Lied bringt das treffend zum Ausdruck:

„Es kommt ein Schiff, geladen
bis an sein höchsten Bord,
trägt Gottes Sohn voll Gnaden,
des Vaters ewigs Wort.

Das Schiff geht still im Triebe,
es trägt ein teure Last;
das Segel ist die Liebe,
der Heilig Geist der Mast.

Der Anker haft' auf Erden,
da ist das Schiff am Land.
Das Wort will Fleisch uns werden,
der Sohn ist uns gesandt." (GL 236)

Brunnen von Bildhauer Pietro Bernini vor der Spanischen Treppe

Evangelisierung durch die Kirche besteht in diesem Sinn in der Einladung, in dieses Boot einzusteigen. Seine Navigation besteht nicht darin, von den Wellen hin und her getrieben zu werden, sondern an das Ziel zu kommen, das Christen im Glauben verheißen ist.

Piazza San Pietro

Der Petersplatz gilt in seiner Ausgestaltung als Krönung des kirchlichen Selbstverständnisses. Ob mit Menschen gefüllt – etwa bei den großen Liturgien, denen der Papst vorsteht, bzw. beim Angelus-Gebet mit ihm an den Sonntagen – oder menschenleer am späten Abend bzw. am frühen Morgen: Für den Besucher ergibt sich gleich der Eindruck einer vollkommenen Schöpfung. Dabei sind es eigentlich zwei Plätze, die hier ineinander übergehen: die Piazza Retta im oberen Bereich und die ovale Fläche im unteren Feld. Ist der obere Bereich durch die aufsteigenden Treppen und die sich dann ergebende Bühne geprägt, auf der sich die katholische Kirche in der Feier des Glaubens mitteilt, so sind es gerade im unteren Feld die 284 Säulen, in Viererreihen angeordnet und mit 88 Pfeilern unterstützt, die gleichsam die offenen Arme der Kirche symbolisieren. Sie empfangen jeden und sie senden den Pilger wieder in die Welt. Auf diesen 17 Meter breiten Kolonnaden befinden sich 140 Heiligenfiguren, die wie in einer Prozession zum Ausdruck bringen wollen, dass die Kirche zu allen Zeiten ihrem Herrn entgegengeht. Die, die bei ihm schon die Erfüllung ihres Lebens gefunden haben, ermutigen uns, Pilger auf dem Weg zur ewigen Heimat zu bleiben und nicht unterwegs müde zu werden oder uns ablenken zu lassen.

Zentriert und verbunden werden der obere und der untere Platz durch den fast 26 Meter hohen Obelisken in der Mitte, der alles überragt und der Überlieferung nach von Kaiser Caligula im Jahr 89 n. Chr. als triumphale Kriegsbeute aus dem altägyptischen Heliopolis nach Rom kam. Als er dann im Jahr 1586 vom Circus Maximus mitten auf den Petersplatz versetzt wurde, war das Schwerstarbeit. Der damals damit beauftragte Architekt wäre beinahe daran gescheitert. Für den Transport des 322 Tonnen schweren Steines setzte man 44 Winden, 900 Arbeiter und 140 Pferde ein. Vier Monate arbeiteten Menschen daran, um den Stein unzerbrochen aufzurichten. Als im letzten Moment die Halteseile zu reißen drohten, schrie ein beherzter Arbeiter über den Platz: „Wasser auf die Seile!" Es heißt, dass der Papst ihm und seiner Familie daraufhin für alle Zeiten das Privileg eingeräumt habe, die für die Feier des Palmsonntags nötigen Zweige in Rom zu stellen und zu verkaufen.

Bis heute hält sich auch die Erzählung, dass sich im Fuß dieses Obelisken Asche Caesars und in seiner Spitze eine Reliquie des Kreuzes Christi befinden soll; was nicht nur ein Zeichen dafür ist, wie das Christentum vieles aus der Antike in sich aufgenommen und umgedeutet hat. Aussagekräftiger aber ist eigentlich die Inschrift auf dem Sockel dieses Monumentes: „Gesiegt hat der Löwe aus dem Stamm Juda!" Das ist keine Siegesallüre, son-

Ostergottesdienst auf dem Petersplatz

dern die Erinnerung daran, wie sehr das Christentum aus dem Judentum erwachsen ist, dass Jesus Jesus selbst Jude war und der Hl. Papst Johannes Paul II. die Juden einst als „unsere älteren Geschwister im Glauben" bezeichnet hat. Dass Papst Benedikt XVI. seine literarische Jesus-Trilogie im Rückgriff auf die Schriften des jüdischen Rabbis Neusner entwickelt hat, zeigt einmal mehr die große Nähe beieinander und im Verständnis füreinander.

Was schließlich den Petersplatz für Pilger so sprechend macht, sind die beiden Brunnen, von denen der linke als Schöpfung Berninis und in der Deutung des Dichters Conrad Ferdinand Meyer bereits vorgestellt wurde. Neben beiden befindet sich im Boden jene markierte Stelle, die sämtliche Kolonnaden links und rechts als eine Säulenreihe sehen lässt. Vielleicht ist es gerade diese Perspektive, die dem Pilger den Zugang vermittelt, als Einzelner im Großen und Ganzen der Kirche seine ureigene unersetzbare Bedeutung zu haben, Verortung zu spüren und Vernetzung zu suchen.

Roma locuta – causa finita

Anker im Endgültigen

Das bekannte Diktum „Roma locuta – causa finita (Rom hat gesprochen – die Sache ist beendet)" ist eine Formulierung, die einst der Bischof und große Theologe Augustinus von Hippo prägte. Nicht, um Diskussionen zu unterbinden, wohl aber, um nach längerem Austausch und engagierten Disputationen das Verbindende und Grundlegende in Erinnerung zu rufen, das Verbindlichkeit einfordert. Weil schon nach dem Evangelium ein Reich, „das in sich gespalten ist, keinen Bestand haben kann" (Mk 3,24, vgl. Mt 12,25), braucht es gerade in der Ausrichtung des christlich-kirchlichen Glaubens auf die Zukunft hin immer wieder eine Sammlung zur Einheit, damit ausgetragene Kontroversen eine Gemeinschaft nicht in Beliebigkeit auseinanderfallen lassen. Im Lehramt des Petrus kulminiert, was Jesus in Cäsarea Philippi dem Simon aufgetragen hat, als er ihn zum Petrus, d.h. zum Felsen der Einheit und Ruhe in der Brandung mancher Auseinandersetzungen, die notwendigerweise das Leben der Kirche zu allen Zeiten begleiten müssen, berufen hat (vgl. Mt 16,18).

Wo Rom das Ende einer längeren Diskussion ankündigt, geht es nicht darum, Meinungen zu unterdrücken, sondern Einheit zu ermöglichen. In einer Welt, die immer mehr in Einzelmeinungen und Positionen auseinanderzufallen scheint, braucht es diese Besinnung auf den Ursprung und eine von dort autorisierte und sich nicht subjektiv angeeignete Anwaltschaft für den Anfang, um eine gemeinsame Zukunft zu finden. Die Geschichte lehrt, dass Gesellschaften ohne dieses Prinzip sich immer wieder in der Gefahr befinden, in Beliebigkeit auseinanderzubrechen. Kulturen brauchen einen Kult, der mehr ist als ein Ritus oder Liturgie und der auch öffentlich das Gemeinsame in Erinnerung zu rufen vermag, wo das Subjektive überhandzunehmen droht. „Roma locuta, causa finita" versteht sich deshalb nicht willkürlich „par ordre du mufti", von oben herab, sondern als ein bewährtes Prinzip, wenn es darum geht, eine gemeinsame Zukunft zu sichern. Drei Aspekte machen das in Rom besonders bewusst:

Personalität und Biographie

Überall in Rom begegnet man an großen Bauwerken Inschriften, die darauf verweisen, unter wessen Regentschaft oder auf wessen Initiative sie errichtet wurden. So beeindruckend anzuschauen ist, was hier geschaffen wurde, so wenig lässt sich – gerade im heutigen Bewusstsein – außer Acht lassen, welcher menschliche und weniger materielle Preis dafür bezahlt wurde. Wie viele Menschen haben unter den Bedingungen härtester Arbeit ihr Leben lassen müssen, als es um den Bau dieser Objekte ging! Wie oft waren Bauten eher der Motivation entsprungen, dass Einzelne sich einen Namen – auch vor der Nachwelt – machen wollten, anstatt das Wohl derer im Auge zu haben, die hier schuften mussten!

Gleichzeitig gilt es immer zu bedenken, wie unangemessen und ungerecht es sein kann, mit dem Wissensstand von heute Vorgänge in vergangenen Zeiten zu bewerten. Wo sich dem Pilger an den vielbesuchten Orten Roms heute Gesichter präsentieren, werden wir in der Gegenwart immer wachsamer für den Zusammenhang von Personalität und Biographie. Wie viel erzählt doch ein Bauwerk über die zeitlichen Umstände seiner Entwicklung; wie viel wird auch bekannt über die Schwächen einer Person, betrachtet man sie im Kontext ihrer Biographie! Und doch zieht die Pilger an, wie aus den Trümmern mancher Lebensgeschichte so Großes entstehen konnte.

Personalität und Biographie bilden immer den Verständnishorizont für eine Geschichte, deren dunkle Seiten ebenso zu sehen sind wie das, was bis in unsere Zeit leuchtet. Es ist und bleibt das Gesicht einer Person, die einem Bauwerk ein spezifisches Aussehen und vielleicht auch Ansehen gibt. Es sind und bleiben die Geschichten aus ihrem Leben, die erzählt werden, wo Touristen diese Stätten besuchen und wo Pilger im Nachsinnen über die eigene Lebensgeschichte Höhen und Tiefen vergegenwärtigen, die sie gnädiger urteilen lassen.

Katholizität und Hierarchie

In Rom hat die katholische Kirche ihre sichtbare Repräsentanz und eine wahrnehmbare Präsenz. Dennoch darf Katholizität nicht im engeren Sinn nur als Konfessionsmerkmal verstanden werden. Die Kirche ist gerade darin katholisch, dass sie ihren Anfang heilig hält und in Treue dazu die jeweiligen Herausforderungen und Zeichen der Zeit im Licht ihres Ursprungs zu verstehen sucht. Die Offenbarung Gottes in Jesus Christus ist ihr zentrales Bekenntnis, das in jeder Generation neu persönlich bezeugt werden will. Katholizität und Hierarchie im Sinne des heiligen Anfangs gehören eng zusammen. Wo jemand durch das Sakrament der Weihe in diese Hierarchie aufgenommen wird, geht es nicht ums Herrschen, sondern darum, mit seinem ganzen Leben für diesen heiligen Anfang einzustehen. Dieses Zeugnis kann durch Strukturen behindert oder gar verdunkelt werden, die mehr Hegemonie vermitteln, als den heiligen Anfang wachzuhalten. Für ihn einzustehen, kann durch Strukturen nie ersetzt, sondern höchstens unterstützt werden.

Mit dieser Einsicht verbindet sich auch die Erkenntnis, dass der Blick auf den gottgeschenkten Anfang kaum flächendeckend offen gehalten werden kann. Immer ist es der einzelne Zeuge, der aufgrund seiner Verbundenheit mit dieser Tiefe stellvertretend in die Weite tragen und so aufzeigen kann, was allen im Glauben verheißen ist. In Rom, wo im Vorraum von Sankt Peter ein großes Bodenmosaik an die Eröffnung des Zweiten Vatikani-

Ziborium mit Baldachin, Petersdom

schen Konzils im Jahr 1962 durch den Hl. Papst Johannes XXIII. erinnert, soll in der Ausstrahlung dieses größten Kirchbaus der Christenheit zum Ausdruck kommen, was der Pilger in nachchristlicher Zeit als Identität des Glaubens in sich tragen muss: dass sich die Kirche als „Licht der Völker" (vgl. Lumen Gentium) zu allen Menschen gesandt weiß, um positiv anzuzeigen, was allen im Glauben offen stehen soll, die sich die Botschaft des Evangeliums verbindlich zu eigen machen.

Katholizität und Hierarchie sind also keine Antipoden zu modernen offenen Gesellschaften, wohl aber eine unverzichtbar komplementäre Ergänzung zu rein innerweltlichen Sichtweisen, die den Blick für das verstellen, was von Anfang an war (vgl. 1 Joh 1,1–4) und was die Zeiten überdauert.

Universalität und Sympathie

Nirgendwo vermittelt sich eingehender als in Rom, dass und wie die katholische Kirche Weltkirche ist. Als der älteste und einzig erscheinende „global player" existiert sie auf allen fünf Kontinenten in so unterschiedlichen Kulturen, in verschiedenen Größen, wechselhafter Lebendigkeit, jung in Asien, Afrika und Lateinamerika, älter und alt eher in anderen Teilen der Welt. In einigen Ländern verfolgt, in anderen geachtet und auch wieder beschimpft und manchmal belächelt, hat sie eine Botschaft, die das Herz der Menschen an so unterschiedlichen Orten öffnen und erfüllen will. Es tut gut, zu sehen, mit welcher Offenheit und Entschiedenheit sich Menschen hier in Rom als Glaubende zeigen. Wer beim Angelus-Gebet mit dem Papst an den Sonntagen auf dem Petersplatz Teil der großen Gemeinschaft ist, die sich dort versammelt, ist schnell bereit, die Absolutheit eigener Sichtweisen zu relativieren.

Und wenn die kommen und erzählen, die täglich in ihren Ländern erleben, wie Schwestern und Brüder bereit sind, im Glauben ihr Leben für Christus zu geben – wie einst Petrus und Paulus hier in Rom –, stockt einem der Atem. Spätestens dann wird bewusst, wie sehr die Universalität und wahre Sympathie (im Sinne von „sym pathein" – „mitleiden") als Bereitschaft, mitzufühlen und mitzugehen, gefordert sind. Und zugleich erfährt man durch diese Zeugnisse den Trost, dass der Glaube letztlich nicht in dieser Welt verdunstet. Dann kommt in Erinnerung, was die Hl. Theresa von Lisieux (1873–1897) auch in unsere Zeit hinein spricht:

„Ich sah, dass die Kirche ein Herz hat
und dass dieses Herz von Liebe brennt.
Ich sah ein, dass die eine Liebe die Glieder der Kirche
zur Tätigkeit antreibt,
und wenn die Liebe erlischt,
keine Apostel mehr das Evangelium verkünden
und keine Märtyrer mehr ihr Blut vergießen werden.
Ich schaute und erkannte,
dass die Liebe alle Berufungen in sich einschließt."

Detailblick auf die Fassade von San Giovanni in Laterano

Wie Perlen am Rosenkranz – die vier Patriarchalbasiliken

Zu einer Wallfahrt nach Rom gehört – besonders in einem Heiligen Jahr – der Besuch der vier Haupt- oder Papstkirchen Roms, die oft auch Patriarchalbasiliken genannt werden. Im größeren Glauben der Kirche Unterstand zu finden und einzutauchen in Tieferes, wo man bisher mehr von der Hand in den Mund lebte, sich Meinungen mehr vorsetzen ließ, als sie sich durch die eigene Anschauung selbst zu bilden, kann manchen zu eng gesteckten Rahmen sprengen. Die jüdische Schriftstellerin Nelly Sachs hat im Blick auf die Psalmen davon gesprochen, dass sie „Nachtherbergen des Glaubens" seien. Was sich so im Blick auf die Bilder dieser Gebete Israels und der Christen sagen lässt, kann man auch auf die Hauptkirchen Roms übertragen. Sich hier im größeren Glauben der Kirche unterzustellen und durch die Bilder, die man dort vor Augen bekommt, Tieferes zu sehen, generiert Einsichten in

Unsichtbares. So kann sich unser Glaube als ein tragendes Geheimnis offenbaren.

Der Petersdom als Kuppelbau

Unter dem Dach der Kirche

Wer sich – gerade im Heiligen Jahr bei einer Prozession über die Via della Conciliazione – dem Petersdom nähert, ist schon beim ersten Anblick von der alles überragenden Kuppel beeindruckt. Der Schriftsteller Hanns-Josef Ortheil sieht in ihr „eine vornehme Gelassenheit" und sagt, dass „ihre vollendeten Proportionen sich von allen anderen Kuppeln der Stadt unterscheiden". Insbesondere im Schein der Laternen am Abend, aber auch schon im Sonnenlicht des Tages, leuchtet die heraustretende Kuppel von Sankt Peter nicht nur auf die östliche Seite der Stadt, sondern im tieferen Sinne auch darüber hinaus in das Innere der Pilger hinein, denn hier sieht man ein Dach, bei dem man sich auch im übertragenen Sinn unterstellen möchte.

Beim Aufstieg vom Petersplatz in den vorgelagerten Narthex dieser Papstkirche steigt die Spannung, was einen hinter der Heiligen Pforte erwartet. Und dann überwältigt der Blick in das Innere und richtet die Augen sofort auf das alles bestimmende Ziborium von Giovanni Lorenzo Bernini über dem Hauptaltar und dem darunterliegenden Petrusgrab. Es ist diese Achse von ganz unten nach ganz oben bis in die Laterne der Kuppel, die dort das Antlitz Christi sehen lässt. Mit der Erinnerung an das Wort aus dem Epheserbrief wird bewusst, was hier im Bild zu sehen ist: „Ihr seid auf das Fundament der Apostel und Propheten gebaut; der Eckstein ist Christus Jesus selbst. In ihm wird der ganze Bau zusammengehalten und wächst zu einem heiligen Tempel im Herrn. Durch ihn werdet auch ihr zu einer Wohnung Gottes im Geist miterbaut" (Eph 2,20–22).

Das in großen Lettern die Kuppel umlaufende Band enthält jenen so bekannten Vers aus dem Matthäusevangelium, der hier Stein und Mosaik geworden ist. Was Jesus einst im Anblick der riesigen Felsbrocken in Cäsarea Philippi Petrus verheißen hat, ist an dieser Stelle im Bild auf die ganze Kirche übergegangen, wo sie in den Spuren des Petrus ihren Weg durch die Zeit fortsetzt: „Du bist Petrus und auf diesen Felsen werde ich meine Kirche bauen und die Pforten der Unterwelt werden sie nicht überwältigen. Ich werde dir die Schlüssel des Himmelreichs geben; was du auf Erden binden wirst, das wird im Himmel gebunden sein, und was du auf Erden lösen wirst, das wird im Himmel gelöst sein" (Mt 16,18–19).

Diese Schlüssel begegnen dem Pilger im Bild allenthalben im Vatikan und in Rom. Bis heute haben diese Zeichen, die sich auf das Matthäus-Wort beziehen, eine

Bedeutung, die zur Botschaft der Kirche in unserer Welt passt. Seit dem 15. Jahrhundert werden die beiden Schlüssel in der Heraldik und Ikonographie farblich unterschieden. Der eine ist silbern, der andere golden koloriert. Papst Benedikt XVI. hat in einer Predigt diese Unterscheidung so interpretiert: Steht der silberne Schlüssel mehr für die Erkenntnis und bringt damit ausdrücklich das Lehramt des Petrusnachfolgers zum Ausdruck, so steht der goldene Schlüssel für die Liebe Gottes zu uns Menschen, die in der Begegnung untereinander verwirklicht und bezeugt werden will. Erinnert der silberne Schlüssel an die Bedeutung des Papstamtes, die Heilige Schrift gleichsam „aufzuschließen" und den Glauben der Kirche an die kommenden Generationen weiterzutragen, so verweist der goldene Schlüssel auf die Verantwortung des Hirten- und Priesteramtes in den Sakramenten der Kirche, Gottes zuwendende Liebe zu uns Menschen zu spenden und erfahrbar zu machen. Was also an dieser Stelle in der Kuppel des Peterdomes erhoben und erhaben über uns leuchtet, ist jene Verheißung, die aus jener Tiefe kommt, wo sich das Grab des Apostels Petrus befindet, der für Christus sein Leben gegeben hat. Gerade dieser Höhenunterschied will geistlich vom Pilger ausgeschritten werden und ruft eine besondere Begebenheit in Erinnerung:

Zum Segen für andere werden

Eine Führung durch die Archivräume des Petersdomes in Rom machte der Pilgergruppe Geschichte gegenwärtig. Schon der Weg dahin vermittelte den Hauch von Historie. Er führte an Fenstern entlang, die von oben einen Blick in das gewaltige Innere der Basilika freigaben. Das Staunen steigerte sich noch, als wir den Ort erreichten, an dem, fein geordnet vom Boden bis zur Decke, Schuber und Schachteln alles enthielten, was den Bau und die Bedeutung von Sankt Peter dokumentiert. Der achteckige Raum, in dem wir standen, wurde uns als das Studio von Bernini, diesem großen Baumeister und Bildhauer des Barock, vorgestellt. Die Kolonnaden von Sankt Peter, diese ausgestreckten Arme der Kirche, wurden hier entworfen. Das große Grabmal Urbans VIII. im Petersdom und die Scala Regia, der imposante Treppenaufgang im Vatikan, kommen aus seinen Händen.

Ein Moment bei dieser Führung wurde für alle zu einer nachhaltigen Mitteilung aus der Geschichte. Der Archivar öffnete eine Mappe und zeigte uns das handgeschriebene Testament von Bernini. Ein Brief an seinen Sohn, in dem er verfügte: Nach seinem Tod solle für ihn kein Grabmal errichtet werden. Vielmehr bat er darum, in einer Treppe beigesetzt zu werden, und bemerkte: „Erst wenn ein Leben zur Stufe für andere geworden ist, hat es sich wohl erfüllt." Wer heute nach Rom kommt und die Basilika Santa Maria Maggiore besucht, begegnet dem Grab dieses großen Bildhauers in einer Stufe im

Aufgang in den Chorraum dieser Kirche. Menschen, die im Glauben zur Stufe für andere werden, geben unserem Leben eine Trittfestigkeit. Christen, die den Himmel offen sehen, zeigen uns, wo man sich festhalten und wie man auftreten kann, wenn der Alltag Aussicht braucht.

Der Apostel Petrus ist in seinem Martyrium für die Christen der frühen Kirche der Beleg dafür, dass der Glaube in der Bedrängnis trägt und weiterträgt. So wie Petrus Christus bezeugt, gewinnt er die Gewissheit: Glaube ist der Stand unter offenem Himmel. Es gibt ihn aber nicht ohne ein Fundament, das die Bewegung unseres Herzens trägt. Das „sursum corda" unserer Liturgie stützt sich auf die Statik eines Glaubens, den man manchmal an ausgetretenen Stufen von Wallfahrtsstiegen beobachten kann. Die scheinbare Abnutzung hat ihnen Glanz gebracht. Persönlich bezeugter Glaube gibt dem Credo der Kirche Ausstrahlung. Der innere Aufblick des Gebetes bewirkt die Identifikation mit dem Inhalt und schafft eine Identität, die Menschen heute aufmerken lässt. Nur was wir uns zu eigen gemacht haben, können wir anderen weitergeben. Was wir im Glauben geworden sind, wird zur Stufe für andere.

Glaube gewinnt Gestalt, wo es die Bewegung nach unten und nach oben gibt. Wer Gott kommen sieht, wird für die Begegnung mit ihm aufgebaut. Wer Gott entgegengeht, wird zur Stufe, über die für andere der Schritt zum Glauben gehen kann. Der Hl. Bernhard von Clairvaux fragt einmal: „Wer lehrt uns einen heiligen Aufstieg? Wer, wenn nicht derjenige, von dem wir im Epheserbrief lesen: ‚Derselbe, der herabstieg, ist auch hinaufgestiegen bis zum höchsten Himmel' (Eph 4,10)? Weil er abgestiegen ist, konnte er uns das Vorbild eines heiligen Aufstiegs geben." Jeder weiß, dass die Trittfestigkeit einer Treppe auf den unteren Stufen ertastet wird. Persönlich erfahrener Glaube ermutigt andere zum ersten Schritt. Dass Gott Mensch geworden ist in Jesus Christus, erdet unseren Glauben und trägt uns auch mit unseren Lasten.

Die Weitergabe unseres Glaubens in einer Gesellschaft mit so vielen Meinungen braucht die Orientierung an einem Bekenntnis, für das Menschen einstehen wie Petrus. Das gelebte Zeugnis von der Menschwerdung Gottes bringt diese Trittfestigkeit ins Leben. Wer im Auge behält, wie Gott den Menschen erhöht, wird von Gott zur Stufe für den anderen geformt. Wer weiß, wie sehr Gott am Menschen liegt, der möchte auch wissen, wie der Mensch zu Gott kommt. Beim Blick in die Kuppel von Sankt Peter in Rom gewinnen wir so vor Augen und im Herzen, was im Leben und im Zeugnis des Apostels Petrus auch uns nach oben bringt. Nahe an seinem Grab bekommen wir den Blick für ein Zweites:

Im Licht der Leidenschaft leuchten

Die Überlieferung sagt, dass die Lichter, die im Petersdom an der Confessio brennen, ihr Öl alljährlich aus dem Garten Gethsemane in Jerusalem bekommen. Eine leidvolle Erinnerung will hier Leidenschaft wecken. Dort, wo Jesus am Abend vor seinem Tod Angst erlebt und

Liturgie im Petersdom

Schweiß vergossen hat, wachsen noch heute Olivenbäume, deren älteste bis in die Zeit Jesu zurückgehen könnten. Das gepresste Öl aus ihren Früchten füllt die Lampen an der Confessio und wird zu einer tieferen Botschaft für den Pilger, der hier unter der Kuppel verweilt.

Dass Licht Energie freisetzt, ist nicht nur eine Sache der Physik, sondern auch eine Angelegenheit unserer Seele. Wo das innere Feuer erloschen ist, wird einem alles gleichgültig: der Beruf, die Menschen, Gott. Nichts macht froh und nichts tut weh. Und wo innerlich nichts mehr bewegt, kann auch äußerlich nichts mehr in Bewegung kommen. Hat nicht das, was wir äußerlich häufig als Unbeweglichkeit der Kirche beklagen, seinen inneren Grund darin, dass unsere innere Glut zu ersticken droht? Erasmus von Rotterdam hat es so zum Ausdruck gebracht: „Ich ertrage also diese Kirche, bis ich eine bessere sehe. Und sie ist gezwungen, mich zu ertragen, bis ich selber besser werde."

Wer einmal erlebt hat, wie der Wind schwelende Glut zu loderndem Brand antreiben kann, begreift auch, wie Feuer sich nur am Feuer entzünden kann. Unsere innere Glut ist noch nicht erloschen, wenn uns Menschen nicht egal sind und wenn wir die Rolle des unbeteiligten Zuschauers ablehnen. Wo Menschen deutlich machen, dass sie alles unternehmen und auf die Straße gehen, um für Freiheit und Demokratie einzutreten, kommt wieder Glut in manche Asche, aus der dann Licht werden kann. Wo sich so wieder Licht am Licht entzündet, ist es um unsere Zukunft im Glauben und im Leben nicht geschehen.

Das Gewicht des Glaubens annehmen

Gewogen zu werden und für schwer genug befunden zu werden, kein Leichtgewicht zu sein und kein Leichtfuß zu werden, ist die Botschaft, die sich in Sankt Peter an vielen Stellen vermittelt und ganz unten im Blick auf die Kuppel gleichsam zum Kulminationspunkt wird. Was man beim Verlassen dieser Basilika durch das mittlere Portal dann oben im Zwickel des Narthex sehen kann, ist die Sorge, die sich durch das Leben so vieler Menschen zieht: unterzugehen! Nicht mehr vorzukommen und in der Bedeutungslosigkeit zu versinken, ist auch im Leben des Hl. Petrus eine reale Angst. Ein Mosaik im Vorraum von Sankt Peter setzt in Szene, was Vertrauen im Glauben vermag, und was geschieht, wenn diese Gewissheit angezweifelt wird oder gar verlorengeht.

Der Evangelist Matthäus berichtet davon, wie sich das Boot mit den Jüngern schon weit vom Ufer des Sees Genezareth entfernt hat und sie Gegenwind verspüren (vgl. Mt 14,22–33). Wo Menschen in ihrem Engagement für andere plötzlich contra bekommen, irritiert das immer. Bisweilen macht es taub und blind, die andere Seite zu sehen und zu hören, was weiter Grund zur Gelassenheit gibt. In dieser Angst lässt sich Petrus von Jesus ansprechen, gewinnt Vertrauen und verliert es sogleich wieder, als er merkt, wie heftig der Gegenwind tobt. Allein die ausgestreckte Hand des Herrn rettet ihn und die Frage Jesu wird zur Gewissenserforschung: „Du Kleingläubiger, warum hast du gezweifelt?" (Mt 14,31b).

Es ist diese Szene im Zwickel des Petersdomes, die Pilgern einmal am Grab des Apostels unter der Kuppel dieser Basilika in Anlehnung an die Physik erschlossen wurde: Wenn jemand wirklich glaubt, verändert er sein spezifisches Gewicht. Er kann nicht untergehen!

San Giovanni in Laterano

Aus der Taufe kommen – mit der Taufe leben

Gleichermaßen im Zentrum des kirchlichen Lebens vor der Rückkehr der Päpste aus Avignon (1377) erheben sich drei markante Gebäude, die für den Anfang des Glaubens stehen. Die Scala Santa zeigt die Heilige Treppe, auf der der Überlieferung nach Jesus vor seinem Tod im Palast des Pilatus das Urteil des römischen Statthalters über sich ergehen lassen musste. Der Ausspruch dieses Prätors ist gleichsam zum weckenden Mahnmal geworden, wo immer wir die Gestalt der geschundenen Kreatur vor Augen haben: in Kriegen und Katastrophen, in Ängsten und Verzweiflung. Wenn heute Pilger diese Treppe betend hochknien, ist das Ausdruck ihrer Identifikation mit einem Gott, der sich nicht zu schade ist, für

Baptisterium San Giovanni in Laterano

Taufbecken im Baptisterium San Giovanni in Laterano

die Menschen den Weg des Leidens zu gehen. Was uns daraus an göttlicher Liebe erwachsen ist, hat auf der gegenüberliegenden Straßenseite seine prototypische Ausprägung für alle Zeiten bekommen: das Baptisterium San Giovanni in Fonte.

Es gilt als die älteste Taufkirche überhaupt und hält fest, was im Leben eines getauften Christen immer bleibt. Über einem heidnischen Nymphäum errichtet, fließt seit den Anfängen der Kirche hier in Rom heilendes Wasser und versinnbildlicht, was schon Papst Leo der Große im Blick auf diesen Ort gesagt hat: „Hier fließt die Quelle des Lebens, den ganzen Erdkreis umspült sie; aus der Wunde des Herrn nahm sie ihren gesegneten Lauf."

Noch heute zeigt das Baptisterium den Eingang und Ausgang des Taufbeckens. An beiden Seiten erinnern die drei Stufen daran, worin einst die kraftvolle Liturgie der Erwachsenentaufe bestand. Dem Westen zugewandt, widersagte der Täufling dem Bösen auch in der personifizierten Fratze des Satans dreimal, ehe die Taufspendung durch das Untertauchen als Ausdruck des Sterbens mit Christus und das Auftauchen als Versinnbildlichung des österlichen Lebens der Auferstehung folgte. Auf den drei Stufen dem Osten und damit der aufgehenden Sonne als Bild für den Auferstandenen zugewandt, ereignete sich dann das Bekenntnis zum dreifaltigen Gott als Vater, Sohn und Heiliger Geist.

Wer als Erwachsener in den ersten Jahrhunderten der Kirche seinen persönlichen Anfang im Glauben so kraftvoll in der Liturgie der Kirche erleben konnte, konnte kaum vergessen, was an ihm bzw. ihr geschehen war.

Heute – und das zeigt das Baptisterium San Giovanni in Fonte – ist die Praxis der Kindertaufe weitgehend an diese Stelle getreten. Das Taufbecken mitten im kunstvoll gestalteten Baptisterium erinnert daran. Umso eindrucksvoller ist eine weitere Reminiszenz in der Kapelle Johannes des Täufers. Sie bewahrt eine Bronzetür der spätantiken Ausstattung durch Papst Hilarius (461–468). Sie erzeugt beim Öffnen und Schließen einen melodischen Klang, was auch zum Ausdruck bringen kann, dass die Tür des Glaubens für jeden, der mehr sucht, als das Leben unmittelbar zu bieten scheint, immer offen steht. „Wer Gottes Melodie in sich aufnimmt" (Ignatius von Antiochien), wird zum Klangkörper des Evangeliums. So ist es die imposante Fassade der Lateranbasilika mit ihrer Heiligen Pforte, die schließlich die Neugier weckt, in diesen erhabenen Raum des Anfangs der Kirche einzutreten, um hier ein Dreifaches zu sehen:

Mutter und Haupt aller Kirchen

Der Ehrentitel dieser imposanten Basilika verweist auf ihre Bedeutung. Schon die große Inschrift an der Hauptfassade bringt es in Erinnerung: „Mater et caput omnium ecclesiarum urbis et orbis (Mutter und Haupt aller Kirchen der Stadt und des Erdkreises)". Als Kathedrale des Bischofs von Rom und damit als Bischofskirche des Papstes ist sie nicht nur viel älter als der Petersdom über dem Grab des Apostels Petrus, der damit ursprünglich außerhalb der Stadt Rom lag. Wo einst Konstantin nach dem Sieg über Maxentius im Garten der Laterani-Familie seine Residenz ausbauen ließ, wurde mit dem Bau der Basilika, die einst dem Salvator, dem göttlichen Erlöser, geweiht wurde, gleichsam ein Stück kirchlicher Synodalität in Stein gehauen. Nicht als ein Parlament, in dem um Macht gerungen wird, sondern als „Mutter und Haupt aller Kirchen der Stadt und des Erdkreises" sollte sie den Vorsitz in der Liebe führen. Als Gastgeberin von fünf danach benannten „Lateran"-Konzilien (1123, 1139, 1179, 1215 und noch einmal am Vorabend der Reformation in Deutschland 1512) wurde hier beraten, wie Kirche die jeweiligen vielen Kulturen, in denen sie lebt, in Einheit bei der Mutter erfahren und (wieder-)gewinnen kann.

Schon die fünfzehn Figuren in jeweils sieben Metern Höhe und die zwölf Apostelstatuen im Innern mit 4,25 Metern vermitteln die erhabene Größe dieser Basilika. Angesichts dieser Größe und im Vergleich damit muss sich der Mensch klein vorkommen. Aber die Heilige Pforte durchbricht gleichsam alles Erschreckende und erhebt den Besucher in jene Sphäre des Glaubens, die ihn eher aufrichtet. Nur in Verbindung mit dem ursprünglichen Baptisterium vermittelt sich hier, wie wahre Größe der Einsicht entstammt, dass sie nur erkennen kann, wer durch die Taufe gelernt hat, wirklich zu sehen. Was die Hl. Katharina von Siena in einem ihrer Briefe schreibt, bestimmt die Perspektive auf San Giovanni in Laterano als Mutter und Haupt aller Kirchen: „Es ist notwendig, dass wir in Wahrheit mit dem Licht des Glaubens sehen und erkennen, dass Gott die höchste und ewige Liebe ist und nichts anderes als unser Heil wollen kann." In denen, die diese Größe als Standfestigkeit bezeugt haben, leuchtet auf, was an diesem Ort in einem zweiten Schritt begriffen werden kann.

Reliquiar für die Platzhalter

Betritt man das Innere der Lateranbasilika durch die Heilige Pforte, wird man von den erwähnten Apostelfiguren empfangen, die zum Altar geleiten. Sie stehen für das, was wir beim Gehen zu bedenken haben. Glaube ist immer eine Bewegung in der Gemeinschaft der Kirche. Nicht ein zielloses Umherlaufen, das irgendwann mehr einem Umherirren gleicht, sondern unterwegs Richtung und Ziel, Geleit und Trittfestigkeit zu finden, macht aus Touristen Pilger.

Am Hochaltar angekommen, erhebt sich ein großes Ziborium, das als Reliquien die Häupter der Apostelfürsten Petrus und Paulus enthält. Hier, in der Mitte „der Mutter aller Kirchen des Erdkreises", ist man bei den Häuptern der Apostel, die in ihrem Denken und Sprechen, in ihrem Tun und Lassen, Leben und Sterben auf das Haupt der Kirche verwiesen haben, das Christus ist. Wenn diese beiden Reliquien bei feierlichen Anlässen gezeigt werden, mag einem in den Sinn kommen, was der Franzose Michel de Montaigne (1533–1592) einst gesehen und geschrieben hat: „Am Tag vor Ostern sah ich die Häupter. Die Fleischteile, Farbe und Haarwuchs sehen aus, als ob sie lebten. Das Gesicht St. Peters ist weiß, ein wenig länglich, die Haut purpurfarben und Vollblütigkeit verratend, der geteilte Bart grau; das Haupt ist mit einer Papstmitra gekrönt. St. Paul ist schwarz, hat ein breites und volleres Gesicht und einen stärkeren Schädel, der Bart ist grau und dicht."

Was sich nach Leichenfledderei anhören mag, ist nie so gemeint gewesen und verstanden worden. Es ist vielmehr Ausdruck davon, dass der Glaube von Christen immer Fleisch und Blut ist, weil Leib und Seele zusammengehören. Gegen jede weltenthobene Vergeistigung soll hier in Erinnerung gerufen werden, was der Auferstandene selbst bei seiner Erscheinung im Kreis der Zwölf an Ostern sagt: „Was seid ihr so bestürzt? Warum lasst ihr in eurem Herzen Zweifel aufkommen? Seht meine Hände und Füße an: Ich bin es selbst. Fasst mich doch an und begreift: Kein Geist hat Fleisch und Knochen, wie ihr es bei mir seht. Bei diesen Worten zeigte er ihnen seine Hände und Füße" (Lk 24,38–40).

Im Dienst der leibhaftigen Menschwerdung Gottes steht auch das Hinabsteigen in die sogenannte Confessio, wie sie sich in allen Patriarchalbasiliken Roms befindet. Wie hier in San Giovanni in Laterano sind die Pilger eingeladen, es ihrem Herrn gleichzutun. Seine Erniedrigung bis zum Gang ans Kreuz mündet in seiner Erhöhung am Kreuz. Wer hier ganz unten steht, kann in der Confessio seine Professio fidei ablegen und mit den Worten des Philipperhymnus begreifen, bekennen und bezeugen:

„Seid untereinander so gesinnt, wie es dem Leben
in Christus Jesus entspricht:
Er war Gott gleich,
hielt aber nicht daran fest, Gott gleich zu sein,
sondern er entäußerte sich
und wurde wie ein Sklave
und den Menschen gleich.
Sein Leben war das eines Menschen;
er erniedrigte sich
und war gehorsam bis zum Tod,
bis zum Tod am Kreuz.

Darum hat ihn Gott über alle erhöht
und ihm den Namen verliehen,
der größer ist als alle Namen,
damit alle im Himmel, auf der Erde und unter
der Erde
ihr Knie beugen vor dem Namen Jesu
und jeder Mund bekennt:
Jesus Christus ist der Herr
zur Ehre Gottes, des Vaters" (Phil 2,5–11).

Von ganz unten vermittelt sich hier eine weitere Sichtweise, die Glaubenswelten manifestieren kann.

Weite, Höhe und Tiefe

Nicht nur die Apsis dieser Kirche, die im 19. Jahrhundert unter Papst Leo XII. noch einmal erweitert wurde, sondern der gesamte Raum mit seinen prachtvollen Mosaik- und Kosmatenböden vermittelt Weite, Höhe und Tiefe. Hier ist es vor allem ein Bildnis, das Christus zeigt, wie er inmitten der Engel erscheint. Darunter sind neben einem Gemmenkreuz Heilige wie Franz von Assisi, der Patron Italiens, und Antonius von Padua zu sehen. Der Erlöser steht hier inmitten derer, die seine Sendung in die Welt tragen. Ein Theologe hat einmal so zum Ausdruck gebracht, was aus diesem Bild spricht: Immer, wenn die Bibel nicht mehr weiß, wie sie das Wirken Gottes in dieser Welt erklären kann, spricht sie von den Engeln. Und man möchte hinzufügen: Immer, wenn es darum geht, dem Evangelium Gesicht und Stimme, Hände und Füße zu geben, kommen die Heiligen in den Blick. Es ist diese „communio sanctorum", aus deren Mitte ein Maß spricht, das die Architektur dieser Kirche zu einem Sinnbild des Glaubens macht. Hier von unten nach oben zu schauen, lässt Pilger bedenken, was Weite, Höhe und Tiefe im Glauben vermitteln. Sie geben dem Leben ein stabileres Fundament und eine Ausdehnung, in der sich der Mensch entfalten kann. Wo Enge behindert, tut es gut, in Räume zu schauen, die dazu einladen, aus sich herauszugehen. Der Epheserbrief sieht diese Statik im Bau der Kirche abgebildet und die Lateranbasilika vermittelt diese Erfahrung, wenn man sie im Glauben ausschreitet:

„Durch den Glauben wohne Christus in eurem Herzen, in der Liebe verwurzelt und auf sie gegründet. So sollt ihr mit allen Heiligen dazu fähig sein, die Länge und Breite, die Höhe und Tiefe zu ermessen und die Liebe Christi zu erkennen, die alle Erkenntnis übersteigt. So werdet ihr erfüllt werden in die ganze Fülle Gottes hinein" (Eph 3,17–19).

Santa Maria Maggiore

Kälteeinbruch in der Kirche

Unter den sieben Hauptkirchen Roms ist Santa Maria Maggiore – nach dem Petersdom und San Giovanni in Laterano – sicher die bedeutendste. So wie die Via Merulana diese Kirche mit der Lateranbasilika verbindet, vermittelt sich dem Rombesucher, wie nahe – auch im übertragenen Sinn – die Wegbereitung Jesu durch den Täufer Johannes auf die Menschwerdung Gottes aus Maria der Jungfrau zuführt. Alle gerade genannten Basiliken haben zusätzlich mit Sankt Paul vor den Mauern eine Heilige Pforte, durch die sich den Pilgern gerade in einem Heiligen Jahr vermittelt, dass auf der Schwelle Neues wartet. In offenen Türen zu stehen, kann aber auch zugig sein. Die Tür zum Glauben der Kirche ist nicht wie eine Luftschleuse im Eingang von Kaufhäusern. Dort tritt der Besucher im Winter manchmal aus der eisigen Kälte von draußen in einen Schwall warmer Luft und wird für den Konsum aufgetaut. Beim Zugang zu Gott vermissen manche Menschen diese Bequemlichkeit der Welt.

Santa Maria Maggiore steht geradezu mit der Überlieferung ihrer Baugeschichte für einen Wintereinbruch in der Kirche. Die Legende darüber weiß Außergewöhnliches zu berichten: Seinerzeit, im August des Jahres 352, sei dem damaligen Papst Liberius und dem Patrizier Johannes in der Nacht zum 5. dieses Monats die Gottesmutter erschienen und habe ihnen aufgetragen, dort eine Kirche zu bauen, wo es am nächsten Tag schneien werde. Die Legende erzählt weiter, dass es wirklich im August in Rom geschneit habe. Das Schneefeld habe den Grundriss der Basilika aufgezeigt, die dann gebaut wurde und mit dieser Geschichte bis heute unsere Gegenwart herausfordert.

Der Bau dieser Basilika fällt in die Zeit unmittelbar nach dem Konzil von Ephesus, das der Kirche Maria als Gottesgebärerin vor Augen stellt. Wo Maria im Blick ist, kommt eine Herzenswärme in den Glauben und in die Kirche. Wo man in den letzten Jahrzehnten meinte, sich von ihr verabschieden zu müssen, um vermeintlich näher bei Christus und bei den Menschen zu sein, ist es im Glauben und in unseren Gemeinden eher kalt geworden. Die römische Legende aus dem Sommer des Jahres 352 in einer winterlichen Zeit der Kirche zu hören, wo vieles äußerlich kahl und innerlich kühl erscheint, gibt zu

Blick auf den Papstaltar in der Basilika Santa Maria Maggiore

denken. Wer sich vielleicht in der Welt innerlich frierend der Basilika Santa Maria Maggiore annähert, kommt damit aber zugleich auf einen Weg, der im Glauben zu der Gewissheit führt, dass die Welt einen viel größeren Klimawandel braucht, als bisweilen in Physik und Politik im Blick ist. Drei Schritte können helfen, zu fühlen, was wir sehen, um zu empfangen, was uns verheißen ist. Wo das Herz sich so erwärmt, gewinnt der Verstand tiefere Einsichten:

Die Hand der Heiligkeit ergreifen

Wenn man von der Via Merulana kommend auf Santa Maria Maggiore zugeht, ist der romanische Glockenturm aus dem 5. Jahrhundert wie ein Fingerzeig in den Himmel. Mit 75 Metern ist er der höchste von Rom und trägt fünf Glocken. Jeden Abend läutet eine von ihnen, die auch die „Einsame" genannt wird. Der unvergleichliche Ton ist ein Mahnruf an die Gläubigen, nicht in der Kälte menschlicher Distanzierung und Abgrenzung zu verbleiben, sondern näher zu kommen, über die Schwelle zu treten, die Schweres leichter macht und wo das Herz Halt findet.

Diese Einladung vermittelt die Heilige Pforte auf der linken Seite im vorgelagerten Narthex dieser Basilika. Wenn diese schwere Bronzetüre des Künstlers Luigi Mattei, die der Hl. Papst Johannes Paul II. am Hochfest der Unbefleckten Empfängnis Mariens im Jahr 2001 gesegnet hat, offen steht, beginnt sie zu sprechen. In der Mitte

Heilige Pforte, Basilka Santa Maria Maggiore

sieht man den auferstandenen Christus. Die an das Turiner Grabtuch angelehnte Darstellung gewinnt ihre Ausstrahlung, wo die Bronze durch die Berührung abgegriffene Stellen goldfarben erscheinen lässt. Christus erscheint der Jungfrau Maria auf dem gegenüberliegenden Türflügel. Sie ist – wie das Gnadenbild dieser Basilika – als „Salus Populi Romani" zu identifizieren. Oben im Bild ist die sogenannte Ankündigung am Brunnen durch den Engel zu sehen, die in die nächste Szene des Pfingstereignisses übergeht. Dem entspricht im unteren Bildfeld der Tür eine Darstellung der Mutter Gottes als Theotokos. Auf dem rechten Türflügel bildet eine Szene des Zweiten Vatikanischen Konzils, das Maria als Mater Ecclesiae herausstellte, das entsprechende Pendant.

So wie hier das Gold der beiden Türflügel gegenseitig reflektiert, kommt dem Betrachter die Strophe des bekannten Marienliedes „Sagt an, wer ist doch diese" in den Sinn:

„Du strahlst im Glanz der Sonne,
Maria hell und rein;
von deinem lieben Sohne
kommt all das Leuchten dein.
Durch diesen Glanz der Gnaden
sind wir aus Todes Schatten
kommen zum wahren Schein." (GL 531)

Dem Gold im Gesicht des Auferstandenen entspricht auf dem gegenüberliegenden Türflügel die von unzähligen Pilgern abgegriffene ausgestreckte Hand der Gottesmutter. Hier „fühlt" der Pilger die Aura eines Glaubens, die das Herz erwärmt. Die Betastung der Bronze ist an dieser Stelle anders, weniger kalt, zugänglicher, geschmeidiger. Wer nach dieser Hand greift, die sich buchstäblich anfassen lässt, bekommt mehr als einen warmen Händedruck. Wer hier so auf Tuchfühlung mit der Gottesmutter geht, gewinnt an ihrer Hand einen Halt, der aufrichtet, wo immer das Leben auf der Schwelle steht, wo Grenzen zu überwinden sind, wo es Neues zu wagen gilt, wo Geliebtes und Erlittenes zurückgelassen werden will.

An der Hand Marias ertastet der Mensch eine Heiligkeit, von der die Seele mehr ersehnt, je kräftiger wir nach der Hand der Gottesmutter greifen. Sie ist die „immerwährende Hilfe", deren Herz selbst ein Schwert durchbohrt hat und die als Schmerzensmutter weiß, wie sich menschliches Leben im Leiden anfühlt. An dieser Hand werden wir in Santa Maria Maggiore zu einem zweiten Ort geführt, der das Herz in einer winterlichen Zeit der Kirche erwärmt.

Die tiefe Menschlichkeit Gottes ergründen

Im Inneren dieser Marien-Basilika beeindruckt unmittelbar die Größe des Raumes durch die Harmonie verschiedener Architekturelemente. Was man in der Baukunst als „eleganten Rhythmus" bezeichnet, vermittelt sich hier als eine einzige Allegorese, die das Miteinander

Krippenreliquie, Basilika Santa Maria Maggiore

und Zueinander unterschiedlichster Szenen aus der Heilsbedeutung der Gottesmutter zum Ausdruck bringt. Da sind unzählige Fresken und Mosaiken, Skulpturen und Reliefs. Unübersehbar und anziehend aber wirkt der Baldachin über dem Altar und die ihm vorgelagerte Confessio. Hier muss man hinabsteigen, um dorthin zu gelangen, wo die Menschwerdung Gottes memoriert wird. Ganz unten in dieser Kirche wird eine Reliquie der Krippe aufbewahrt. Der sie bergende Schrein ist aus Kristall und Silber. Die Tradition besagt, dass er einige Holzstücke der Futterkrippe enthält, in die das Jesuskind nach seiner Geburt gelegt wurde. Ursprünglich soll diese Krypta die Form der Geburtsgrotte in Bethlehem gezeigt haben, ehe der Sel. Papst Pius IX. sie zu einer Confessio hat umgestalten lassen.

Wenn der Pilger hier ankommt und vor der kostbaren ovalen Urne mit der Reliquie steht, vermittelt sich heute beides: Krypta und Confessio. Die Menschwerdung Gottes bleibt ein Geheimnis des Glaubens und sie ist ein Bekenntnis zum Leben. Gott will sich mitteilen, wo in der Welt und in der Kirche Kälte um sich greift. Die echte, unverstellte Menschlichkeit Gottes ist ein Mitfühlen und Mitleiden, wo Worte eisig, Liebe erkaltet und Beziehungen eingefroren sind. So edel die Krippenreliquie ganz unten in Santa Maria Maggiore auf den ersten Blick wirkt, so wenig will sie die Armut der Krippe von Bethlehem konterkarieren. Dieser Platz mit seiner Perspektive macht vielmehr bewusst, wie der Atem des Glaubens wieder Wärme in alle Bereiche des Lebens hauchen kann.

Gerade in Rom sind die Krippendarstellungen zur Weihnachtszeit in den Kirchen und Häusern, in Geschäften und Büros oft von einer großen Kulisse des Alltags umgeben. Davor zu stehen, erwärmt das Herz durch das, was wir sehen. Krippenbesuche sind beliebt. Sie sind immer eine Katechese zur Überwindung von Kälte. Man sagt, dass Menschen der älteren Generation in schweren und traurigen Situationen des Lebens, die gerade an Weihnachten weh tun, den mitfühlenden Nachsatz sprechen: „Hat's doch das Christkind auch gefroren." Krypta und Confessio in Santa Maria Maggiore konfrontieren mit dem Frieren in der Krippe, mit mancher Kaltfront im eigenen Leben, in Kirche und Welt.

Der Glaube lässt den Menschen hier aber nicht stehen, geschweige denn zurück. Die überreiche Ikonographie dieser Basilika will ihn bewegen, wieder aufzusteigen, um zu sehen, woher die Zuversicht kommt, die ganz unten den Blick nach oben eröffnet. Der unterste Scheitelpunkt in Santa Maria Maggiore wird zu einem Ausblick, wie er in der Strophe des bekannten Weihnachtsliedes „Jauchzet, ihr Himmel, frohlocket, ihr Engel" anklingt:

„Sehet dies Wunder,
wie tief sich der Höchste hier beuget;
sehet die Liebe,
die endlich als Liebe sich zeiget.
Gott wird ein Kind,
träget und hebet die Sünd:
Alles anbetet und schweiget." (GL 251,3)

Diese Perspektive ist in Santa Maria Maggiore bei allen baulichen Veränderungen durch mehr als 1500 Jahre nie verlorengegangen. Als Papst Sixtus V. (1585–1590) im rechten Seitenschiff mit der Cappella Sixtina eine Erweiterung vornehmen ließ, wies er 1590 den Architekten an, die antike Krippenkapelle mit den noch erhaltenen Skulpturen von Arnolfo di Cambio dorthin zu verlagern. Man sieht noch heute die Heiligen Drei Könige in der eleganten Bekleidung des gotischen Stils, wie sie gemeinsam mit dem Hl. Joseph staunend und ehrfürchtig das Wunder des Kindes auf den Armen Marias betrachten. Hier hat sich alle Kälte verzogen! Hier wärmen sogar Ochs und Esel mit ihrem Atem und zeigen, wie sehr Gott die ganze Schöpfung in den Dienst gerufen hat, in der Liebe aufzutauen. Mit diesem Einblick wird der dritte Schritt zu einer bleibenden Sehschule des Glaubens.

Die Botschaft im Bild erschließen

So sehr das Auge des Besuchers in Santa Maria Maggiore auf den ersten Blick den imposanten Baldachin und die nach unten führende Confessio in der Mitte dieser Kirche in Augenschein nimmt, so schnell erfasst er zugleich, dass das Eigentliche auf die Seite führt: in die Cappella Paolina. Hier ist das wirkliche Zentrum dieser Basilika: das Gnadenbild der Muttergottes als „Salus Populi Romani". Umgeben von einem großen Altarschrein, der eigens für dieses Gnadenbild aus der Zeit der Spätantike geschaffen wurde, wird der Beter hier beiseitegenommen. Maria hat die Attribute einer römischen Herrscherin. Wie sie mit der konstantinischen Wende zum Heil des römischen Volkes erklärt wird, zeigt sie in den Wunden der Ohnmacht des menschlichen Lebens die Kraft einer Königin. Ihre Macht ist Mitgefühl. Ihre Intervention ist Interzession.

Maria trägt einen goldgesäumten dunkelblauen Mantel über einer purpurroten Tunika. In ihrer Hand hält sie eine Mappula, eine Art leicht besticktes zeremonielles Taschentuch, das als kaiserliches Symbol galt und ihren Status als Königin des Himmels betont. Dieses Outfit ist nicht Mode, sondern Medium, im Glauben mehr zu sehen. Hier kommt das Wort des Psalmisten in den Blick: „Du hüllst dich in Licht wie in einen Mantel" (Ps 104,2). Was der Beter von Gott bekennt, hat er in Maria vor Augen. Sie trägt jenen Mantel, unter dem die Menschen Schirm und Schutz finden sollen. Ihr Gewand will die Nacktheit menschlicher Blöße bedecken und wärmen, wo die Welt so kalt geworden ist. Als Mutter der Kirche hat Maria schon „den neuen Menschen angezogen, der nach dem Bild Gottes geschaffen ist" (Eph 4,24). Auf dem Gnadenbild hält sie Christus an sich, wie sie jeden trägt, dessen Herz sich für Gott und die Menschen erwärmen will. Darin ist die „Königin des Himmels" ganz „Mutter der Barmherzigkeit".

In seinem vielbeachteten Buch über Jesus von Nazareth hat Papst Benedikt XVI. die sprachliche Herkunft des Wortes „Barmherzigkeit" aus dem Hebräischen erschlossen. Dort ist es gleichlautend und gleichbedeutend mit der Vokabel „Mutterleib" und „Mutterschoß". Leben zu tragen und Leben zu geben, besteht demnach in seiner Ursprünglichkeit darin, ein Herz für andere zu haben. So wie der Herzschlag des Kindes im Mutterleib an den Herzrhythmus der Mutter gebunden ist, synchronisiert die gelebte Barmherzigkeit den Menschen mit Gott. Die Botschaft im Bild der „Salus Populi Romani" ist eine Barmherzigkeit aus dem Mutterschoß des Glaubens. Wo die Verbindung zum Ursprung des Herzens durch manche Umstände des Lebens verlorengeht, erkalten Gefühle und verstummen Gebete. Die Botschaft im Bild der Mutter Gottes zu erschließen, beginnt damit, die eigene Bekehrung zur Kindschaft zu wagen. Gemeint ist eine Haltung, die um die eigene Bedürftigkeit der Barmherzigkeit weiß und aus der erfahrenen Zuwendung anderen Hinwendung zu schenken vermag. In diesem Sinn ist – wie Thomas von Aquin einmal sagt – „die Not die Mutter aller Taten". Weil Maria mit unserer Not vertraut ist und wo wir uns ihr anvertrauen, wird sie für uns zur Mutter der Barmherzigkeit. Ihre Botschaft in diesem Bild ist der Mut und die Macht echter Mütterlichkeit.

Wie der Name schon sagt, ist Santa Maria Maggiore in Rom ein Patrozinium der Größe. Unzählige Kirchen in der Ewigen Stadt sind der Gottesmutter geweiht – aber keine hat so diese unverwechselbare Trilogie des Trostes. Drei Schritte werden hier mit Maria zu einem Weg aus mancher Kälte in Kirche und Welt. Wer in dieser Basilika die Hand der Heiligkeit ergreift und die tiefe Menschlichkeit Gottes ergründet, dem wird sich im Bild die Botschaft erschließen, wie aus manchem Winter des Glaubens ein Frühling der Bekehrung erwachen kann. An der Hand Marias führt der Weg zu dem Christus, den sie uns hier zeigt. Sein Segen ist seine Sorge um uns, die in Maria Resonanz findet und in uns schwingt, wenn wir beten:

„Mutter, hier in diesem Bild,
sehn wir unsren Glaubensschild.

Dein Gewand zeigt Deine Zier,
und Dein Blick ruht treu auf mir.

Beides mir Dein Herz erschließt,
wie du mit und für uns bist."

Gebet vor dem Gnadenbild der Salus Populi Romani in Santa Maria Maggiore

Maria hier mit deinem Sohn,
Königin mit edler Kron',
Mutter, Schwester, Mittlerin,
der Betrübten Trösterin.

Alles möcht' ich Dir erzählen,
alle Sorgen, die mich quälen,
alle Zweifel, alle Fragen,
will ich, Mutter, zu Dir tragen.

Wege, die ich selbst nicht kenne,
liebe Namen, die ich nenne,
Schuld, die ich mir aufgeladen,
andern zugefügten Schaden.

Ärgernis, so ich gegeben,
all' mein Wollen, all' mein Streben,
mein Beraten, mein Verwalten,
mein Vergessen, mein Behalten,
mein Begehren, mein Verzichten
und mein Schweigen und mein Richten.

Alle kleinen Kleinigkeiten,
die so oft mir Müh' bereiten,
jedes Lassen, jede Tat,
leite Du mit Deinem Rat.

Mutter, Du mit Schmerz vertraut,
auf Dich meine Seele schaut.
Mutter, hier in diesem Bild,
sehn wir unsren Glaubensschild.

Dein Gewand zeigt Deine Zier,
und Dein Blick ruht treu auf mir.
Beides mir Dein Herz erschließt,
wie du *mit* und *für* uns bist.

Mutter, hier mit Deinem Sohn,
unsrer Mühen ew'ger Lohn;

Dir leg' ich alles in die Hände,
Du führst es zum guten Ende.

Amen.

(Wallfahrtsgebet von Genazzano zur Mutter vom Guten Rat in einer textlichen Erweiterung von Bischof Dr. Franz-Peter Tebartz-van Elst)

Sankt Paul vor den Mauern

Unterwegs zu den Ketten der Freiheit

Diese Patriarchalbasilika liegt außerhalb des römischen Zentrums und befand sich bei der Errichtung der ersten frühchristlichen Kirche unter Kaiser Konstantin im 4. Jahrhundert n. Chr. weit außerhalb der Stadt. Sie wurde einst über der Cella memoriae, dem Gedächtnisort mit dem Grab des Apostels Paulus, errichtet. Trotz der wechselhaften Geschichte dieser Kirche gilt der Ort seit dem 1. Jahrhundert als sichere Stätte der Verehrung dieses Blutzeugen. Der Überlieferung nach ist er im Jahr 67 n. Chr. am heute noch existenten Ort Tre Fontane enthauptet worden. Dieser Name bezieht sich auf die legendäre Tradition, nach der das Haupt des Apostels Paulus nach dem Schwertstreich dreimal auf den Boden gesprungen sei und danach drei Quellen an gleicher Stelle entsprungen seien. Unweit dieser Stätte, an der Straße nach Ostia im Süden Roms, wurden dann seine Gebeine bestattet und er fortan verehrt.

Wenn man sich heute der großen Kirchenanlage von San Paolo fuori le mura nähert, wird die wechselhafte Geschichte dieses Ortes im Glauben zum Bild dafür, wie „Bedrängnis (...) Geduld, Geduld aber Bewährung, Bewährung Hoffnung" vermitteln kann (Röm 5,3–4). Der, der hier sein Leben für Christus gab und den Mut nicht scheute, sich ungerechter Verfolgung entgegenzustellen, bezeugt hier, welche Zukunft denen blüht, die in seiner Spur gehen. So wird dieser Bau zur Botschaft für ein Dreifaches:

Außen vor

Schon die erwähnte Lage dieser Kirche bringt zum Ausdruck, wie manche Christen sich heute in ihrer Umwelt und sogar in ihren Familien erleben: außen vor. Dort, wo Menschen einst aus der Stadt vertrieben wurden, hat sich einer dem Pöbel entgegengestellt. Sein Grab bewahrheitet nicht nur das alte Bekenntnis: „sanguis martyorum est semen christianorum". Wie sehr „das Blut der Märtyrer zum Samen für neue Christen werden kann" und der Zerfall eines Hauses im Wiederaufbau zur Botschaft, bezeugt Sankt Paul vor den Mauern als Kirche.

Nachdem bereits im 4. Jahrhundert römische Kaiser den einstigen konstantinischen Kirchbau ersetzten, waren es vor allem die großen Brände und Erdbeben im Verlauf der weiteren Geschichte, die immer wieder Restaurierungen und Wiederherstellungen nötig machten, bis schließlich 1823 ein verheerendes Feuer diese Patriarchalbasilika bis auf die Grundmauern zerstörte. Der französische Schriftsteller Stendhal (1783–1842), der dieses Gotteshaus am Tag nach dem Brand besuchte, hielt in seinem Tagebuch fest: „Alles spiegelte den Schrecken und die Verwüstung dieses schicksalhaften Ereignisses; die Kirche war erfüllt von schwarzen, rauchenden und halbverbrannten Balken. Große, von oben bis unten gesprungene Säulenstücke drohten bei der geringsten Erschütterung herabzustürzen. Die Römer, welche die Kirche erfüllten, waren ratlos."

Es ist diese Leere, die auf erstaunliche Weise jene neue Fülle möglich macht, die wir heute sehen. Gut dreißig Jahre später, 1854, ist Sankt Paul vor den Mauern originalgetreu wiederaufgebaut. Auf den verbliebenen Grundmauern wird diese Kirche wieder so aufgerichtet, dass ihr Anfang mit dem Bekenntnis und Blutzeugnis des Apostels Paulus auch in unsere Zeit getragen wird und seine Botschaft zu uns sprechen kann, die vor allem von einer Reliquie ausgeht:

Frei in Ketten

Um sich diesem denkwürdigen Ort und seiner unverwechselbaren Botschaft zu nähern, sollte man ihn durch die Heilige Pforte, die sich auch in dieser Patriarchalbasilika befindet, betreten. Auf der Schwelle kann den Pilgern bewusst werden, in welchen Raum des Zeugnisses man eintritt. So wie man ihn in seiner Länge von 131 Metern und in seiner Breite von 65 Metern durchschreitet, vorbei an den 80 imposanten monolithischen Säulen, nähert man sich der Confessio, die sich auch in dieser Hauptkirche Roms befindet. Hier hat man vor Augen, was in den gesamten Raum hineinleuchtet und von hier ausstrahlt. Es sind die Fesseln, mit denen Paulus nach dem Zeugnis der Apostelgeschichte (vgl. Apg 16,19–40) in Rom gefangen gehalten wurde.

Von Anfang an ist es die Sprachmächtigkeit und der Mut, mit der der Apostel aufzutreten vermag, der der Masse ein Dorn im Auge ist. Weil er angeblich Unruhe in die Stadt bringt, werfen die Römer ihn gemeinsam mit Silas ins Gefängnis, nachdem sie zuvor beide auspeitschen ließen. Der Wächter hatte beider gefesselte Füße in den Block zu schließen, ehe dann Paulus und Silas in dieser Bedrängnis um Mitternacht zum Herrn beten. Die Apostelgeschichte berichtet dann: „Plötzlich begann ein gewaltiges Erdbeben, sodass die Grundmauern des Gefängnisses wankten. Mit einem Schlag sprangen die Türen auf und allen fielen die Fesseln ab" (Apg 16,26).

Was auf diesem Hintergrund in der Confessio von Sankt Paul vor den Mauern zu sehen ist, wird zur Professio eines unerschrockenen Glaubens. Unzählige Märtyrer und Blutzeugen haben seitdem in den Ruinen mancher lebens- wie zeitgeschichtlichen Einstürze und Zusammenbrüche bezeugt, was hier verkündet wird: „Victor in vinculis (Sieger in Fesseln)!" Eine größere Freiheit kann der Mensch kaum finden als die Hoffnung, die aus Bedrängnis und Bewährung erwächst. Vielleicht ist das auch ein Grund dafür, dass die Kreuzkapelle neben der Apsis dieser Patriarchalbasilika solche Beachtung findet. Die Medaillons sämtlicher Päpste auf einem Goldgrund oben an den Wänden stehen jedenfalls für die Höhen und Tiefen einer Kirchengeschichte, die seit den Tagen Jesu immer wieder die Tuchfühlung mit dem heiligen Anfang braucht, der sich nicht verzehrt und an der mit der Taufkapelle gerade in dieser Kirche auf einen dritten Aspekt verwiesen wird.

Licht im Dunkel

Es ist der Osterleuchter, der hier mit seinen fünf Metern Höhe symbolisieren will, dass es im Glauben noch im größten Dunkel einen Funken des Lichtes der Auferstehung gibt. Hier sieht man Jesus nach der Gefangennahme auf einem Thron sitzend in majestätischer Ruhe, umgeben von Soldaten. In der Hand hält er die Gesetzesrolle des Alten Testamentes und aus seinem Gesicht spricht Schmerz, aber auch Ergebung und Seelenruhe. Dieser Osterleuchter stellt ein außergewöhnliches Beispiel römischer Marmorkunst vom Ende des 12. und vom

Beginn des 13. Jahrhunderts dar. Szenen der Passion und Auferstehung werden von Pflanzenornamenten umrahmt.

Nachdem dieser hohe Osterleuchter den Brand in der Basilika von 1823 überdauert hatte, wurde er nach dem Wiederaufbau nicht an seinen Platz zurückgebracht, sondern stand unbeachtet in verschiedenen Lagern. Während dieser Zeit entstanden durch Unachtsamkeit zahlreiche Schäden, sodass einige Darstellungen an ihm dadurch weitgehend zerstört worden sind. Eine weitere Deutung scheint heute demnach nicht mehr möglich. Aber gerade darin wird er zur Verkündigung jener Botschaft, die diese Kirche in die Welt trägt: Seine Blessuren zeigen das Antlitz Christi.

Wenn in der Osternacht dieser Leuchter die Osterkerze aufnimmt, lässt er eine Kirchengeschichte mit Licht und Schatten aufscheinen, die zu allen Zeiten nur im Licht der Auferstehung verstanden werden kann, wie auch in die verborgenen Abgründe mancher Biographien nur das Licht des Glaubens das Leben neu zu sehen lehrt. Die Botschaft von Sankt Paul vor den Mauern ist deshalb so nahe an unserer Zeit, weil sie den Anfang wach und das Ziel vor Augen hält. Fast zweitausend Jahre sind in diesem Horizont „wie der Tag, der gestern vergangen ist, wie eine Wache in der Nacht" (Ps 90,4).

Brunnen auf der linken Seite des Petersplatzes

Unterwegs in der Ewigen Stadt – Geschichte ist Geschichtetes

Um Rom wirklich kennenzulernen, muss man die Stadt zu Fuß erkunden. Spätestens dann ertastet man nicht nur den unebenen Boden, der sich bei Regen schnell in Seenlandschaften verwandeln kann. Allein schon in dem Bewusstsein unterwegs zu sein, dass der Pilger hier über den Schutt, die Trümmer und die reiche Geschichte einer mehr als zweitausend Jahre alten Stadt geht, ist ehrfurchtgebietend. An einigen Stellen wird offenbar, das man gleichsam auf der Höhe des ersten Stockwerkes unterwegs ist, wenn man die Stadt passiert. Nicht zuletzt sieht man, wie Säulen der Antike beim späteren Bau von Kirchen genutzt wurden. Man könnte meinen, dass hier die Geschichte die Gegenwart stützt. Zugleich aber zeigt manche Wallfahrtsstätte in Rom, wie sorgsam und einfühlsam nicht fallen gelassen wurde, was Menschen einst bewegte. Dieses Ineinander zu erlaufen, wird in der Ewigen Stadt zu einem Weg nach innen.

Die antike Achse der Imperatoren

Aus Verlusten Gewinne ziehen

Wenn man in Rom von der Piazza Venezia zum Kolosseum geht, ist man von imperialer Architektur umgeben. Nicht nur das monumentale Nationaldenkmal Viktor Emanuels II. , umgangssprachlich auch „Altar des Vaterlands" genannt, in dem man in Vor-Computer-Zeiten eher eine Schreibmaschine sah, auch das sich dabei seitlich erstreckende Forum Romanum und erst recht das Kolosseum aus antiker Zeit vermitteln Herrschaft. Wenn Zeitgenossen hier flanieren oder als Touristen eilen, gehen sie auf der Via dell'Impero. Diese Straße der Herrscher wird an beiden Seiten von Statuen der großen römischen Kaiser gesäumt. Hier steht ein Augustus genauso wie ein Cäsar; so als würden sie die Parade der Menschen und damit deren Huldigungen entgegennehmen. Dabei ist diese Straße gar nicht so alt, wie die Umgebung suggerieren mag. Von Mussolini wurde sie so gestaltet, wie wir sie heute kennen. Seine Vorstellung bestand darin, dass man „die Vergangenheit in die Zukunft stecken könnte, wie ein verlängerter Kaffee".

So bringt es der Schriftsteller Simon Strauß in seinem Bestseller „Römische Tage" auf den Punkt und räsoniert weiter: „Die Macht der Geschichte, meinte er (Mussolini), sei einfach so übertragbar. Deswegen ließ er Anfang der 1930er Jahre das römische Forum umräumen und die Via dell'Impero so anlegen, dass sich eine Sichtachse zwischen dem Balkon seines Regierungspalastes und dem Kolosseum bildete. Aber so sehr wir uns auch die Antike heranholen wollen, sie wird uns nicht näher kommen. Sie bleibt uns fern, das nächste Fremde, wie die Kenner sagen."

Aber: Ferne kann faszinieren. Was fremd erscheint, kann verklärt werden. Touristen geraten in diese Versuchung, wo Imposantes seine Pracht entfaltet. Pilger wollen dahinterschauen und den unverstellten Anfang entdecken, der seine Kraft nicht verliert, der verstellt, aber nicht ausradiert werden kann. Beides kommt hier in Rom zusammen. Es ist die Stadt der Antike, die Kapitale des Römischen Reiches und es ist die Stadt des Martyriums, wo Petrus und Paulus den Tod für Christus erlitten haben, wo die ersten Christen verfolgt und getötet wurden, wenn sie dem Kaiser nicht huldigen wollten. Geschichte ist in dieser Ewigen Stadt omnipräsent und ambivalent. In seinem Buch „Römische Tage" geht Simon Strauß dieser Wahrnehmung nach und schreibt: „Der größte Feind der Vergangenheit ist die Nostalgie. Das bloße Schwelgen in früheren Zeiten. Stattdessen muss es darum gehen, die Vergangenheit als Gegeninstanz ernst zu nehmen und gerade daraus Kraft zu schöpfen."

Wie aber wird Vergangenheit zur Gegeninstanz? Hier in Rom begreift der Tourist wie der Pilger: Man muss die Wege bis zum Anfang zurückgehen, um zu begreifen,

Blick auf die Piazza Venezia mit dem Nationaldenkmal, im Hintergrund das Kolosseum

wes Geistes Kind Macht ist. Die Via dell'Impero führt zum Kolosseum, einst Ort der Willkür und der Unterhaltung. Wenn der Herrscher den Daumen hob, bedeutete diese Geste Leben; wenn der Daumen nach unten zeigte, Tod – wie es der Laune beliebte. Die Via crucis führt zum Kreuz. Der, der dort die Arme ausstreckte, hat darin alle umfangen, die dem Tod ausgeliefert sind. Macht ist hier Ohnmacht der Liebe, die stärker ist als der Tod. In diesen ausgestreckten Armen und im durchbohrten Herzen hat das Christkönigsfest seinen Ursprung. Sein Anfang liegt in der Vergangenheit, als zu Beginn des 20. Jahrhunderts in Europa die alten Monarchien zusammenbrachen und die Frage bedrängte: Was gilt, wenn die scheinbare Ordnung vergeht? Der Blick auf den König am Kreuz hat nichts Majestätisches. Die Tafel, die die Schergen ans Kreuz heften, ist mehr Spott als Schrift: „Jesus Nazarenus, Rex Judaeorum" – dieser Titel ist wirklich ohne alle Mittel; nicht gekröntes Haupt, sondern ein entblößter Körper. Wer dieser Ohnmacht ins Auge schaut, möchte am liebsten davor fliehen. Aber darin unterscheidet sich die Via crucis von den vielen Wegen der Imperatoren. Das Hochfest Christkönig ist die Illustration des Wortes von Simone Weil: „Der Held geht in Rüstung, der Heilige geht nackt." Christus am Kreuz, das ist Macht in der Blöße. Christkönig, das ist die Entzauberung des Imperialen durch die Intervention der unverstellten Liebe. Auf ihn so zu schauen, führt uns den König auf dem Kreuzesthron so vor Augen, wie er menschliches Machtgehabe entlarvt und göttliche Autorität bezeugt. Drei Blickrichtungen tun sich gerade in dieser Ewigen Stadt auf, die im echten Ursprung eine bleibende Quelle entdecken lassen. Daraus zu schöpfen, bewahrt vor einer Omnipotenz von Stimmungen und Meinungen, die eine wirkliche Macht korrumpieren.

Schweigen, um zu schreien

Der Szene des Evangeliums vom Kreuzestod Jesu geht seine Passion voraus, die mit dem Palmsonntag im engeren Sinn beginnt. Einige Verse vor der Verkündigung der Dramatik am Kreuz berichtet der Evangelist Lukas vom Populismus der Massen beim Einzug Jesu in Jerusalem. Seine Macht besteht in seiner Freiheit vor jener Hysterie, die heute so und morgen anders denkt und spricht. Er weiß längst darum, wie schnell ein Hosianna in ein Crucifide umschlagen kann. Seine Sendung bedeutet nicht, den Populismus zu bedienen, sondern der Wahrheit und der Liebe zu dienen. Er kann die Geister unterscheiden und weiß, wer nur mitläuft und wer wirklich mitträgt. Als die Pharisäer im Palmenzug Jesu eine Provokation sehen und den echten Jüngern ihre ehrliche Stimme nehmen wollen, erwidert ihnen Jesu: „Wenn sie schweigen, werden die Steine schreien" (Lk 19,40).

In Rom kann man bisweilen denken: Wenn die Steine erzählen könnten. In der Kirche San Lorenzo in Palatio – unweit der Lateranbasilika – befindet sich die Sancta Sanctorum; die Heilige Stiege, über die Jesus der Überlieferung nach – zu Pilatus geführt worden ist. Die Hl.

Helena, die Mutter des Kaisers Konstantin, soll sie nach Rom gebracht haben. Schweigend hat Jesus diesen Weg ins Verhör genommen, in dem ihm von Pilatus die Frage entgegengeworfen wird: „Bist du ein König?" Die Gelassenheit, in der Jesus seine Antwort gibt, kommt aus einem Schweigen, das so beredt ist. Die Heilige Stiege, die hier in Rom wie ein stummes Denkmal steht, hat doch so vieles zu sagen. Vor jenem Aufstieg, der zum Abstieg in die Passion führt, wird jeder Karrierismus entlarvt. Vor dieser Souveränität von innen erscheint alle vermeintliche Macht der Welt wie aufgeblasen. Steine, die in diesem Sinne schreien, kann man nicht überhören, auch wenn jene sie übertönen möchten, die in dieser Welt das letzte Wort für sich behalten wollen. Unser Sprichwort „Reden ist Silber, Schweigen ist Gold" oder der andere Rat „Si tacuisses ..." versteht sich oft als Kalkül, um am Ende besser dazustehen.

Das Schweigen Jesu in seiner Passion ist anders. Es ist nicht Berechnung, sondern Bewährung. Es mündet in einen Schrei scheinbarer Verlassenheit in den Ohren der Welt, der im Herzen des Glaubens zum Gebet wird: „Gott, mein Gott, warum hast du mich verlassen?" So beginnt Psalm 22 und wird schon zwei Verse später zur Vergewisserung der Treue Gottes: „Aber (...) du thronst über dem Lobpreis Israels. Dir haben unsere Väter vertraut, sie haben vertraut und du hast sie gerettet" (Ps 22,4–5). Aus den biblischen Studien wissen wir, dass in Israel die Rezitation des ersten Psalmverses immer das gesamte Gebet meinte. Der Schrei, der bei Jesus aus einem Schweigen in Hingabe kommt, ist das Vermächtnis des Königs auf dem Kreuzesthron; eine Macht von innen, ein Mehrwert, der zweifelhafte Mehrheiten in Meinungen widerlegt; eine Kraft, die ein Zweites ermöglicht:

Lassen, um zu lieben

Zur weltlichen Macht gehört immer die Kontrolle. Aus der Angst, sie könnte einem genommen werden, kommt oft die Rigidität, das Denken und die Freiheit anderer zu beherrschen. Irdische Macht sucht oft Gleichschaltung und erträgt nur den Mainstream. Einzelne Stimmen kommen nicht mehr durch, werden vereinnahmt oder gar mundtot gemacht. Wie anders beim König auf dem Kreuzesthron. Da gibt es im Drama äußerster Erniedrigung noch den Dialog der Eigenständigkeit. So sehr der eine Schächer in der Masse gefangen ist, so frei wird der andere in seiner Sehnsucht nach Barmherzigkeit. Der außerbiblischen Überlieferung der Pilatusakten nach soll er Dismas heißen. Seine Worte berühren Jesus – und uns: „Jesus, denk an mich, wenn du in dein Reich kommst!" (Lk 23,42). Seine Schelte für den anderen Schächer, der sich auch auf vielen Kreuzigungsdarstellungen sichtbar von Jesus abwendet, zeigt, wie einer hier im letzten Moment den Mut zum eigenen Wort findet. Seine Reue ist gereifte Liebe. Seine buchstäbliche Hinwendung zum Herrn ist ein Hauch der Hingabe an ihn. Hier kommt es zu einer Synchronisation der Herzen, die den Himmel öffnet: „Amen, ich sage dir: Heute noch wirst mit mir im Paradies sein" (Lk 23,43).

Wirkliche Macht über Leben und Tod kann die Welt lassen, um die Liebe zu finden. Loslassen können ist die Voraussetzung dafür, wirklich lieben zu lernen. Das Drama um die beiden Schächer am Kreuz ist in diesem Sinn ein Lehrstück der Barmherzigkeit. Wer die Meute der Masse und ihre Macht der Manipulation hinter sich lässt, wird frei, zu sagen, was in dieser Welt fehlt und was bei Gott zählt.

Lassen, um zu lieben, das ist die wahre Macht des Königs auf dem Kreuzesthron. Das ist seine Freiheit, die von innen kommt und alle Äußerlichkeiten des Anscheins in Frage stellt. Das ist die Haltung, die den rechten Schächer heilt und dem anderen abgeht. Das Drama eines letzten Dialogs wird hier zur Darstellung dessen, was letztlich bleibt, und richtet unseren Blick hier in der Ewigen Stadt auf ein Drittes:

Bauen, um zu bleiben

Das fasziniert die Besucher hier am meisten: Bauten vom Anfang und Architektur aus der Antike. Man sieht bisweilen an ihnen das Morbide der Macht, aber auch das Luzide einer Höhe, die in den Himmel ragt. Wer vor dem Pantheon steht, staunt über den Portikus eines Marcus Agrippa. Wer hineingeht, ist beeindruckt vom lichten Blick in den Himmel, den die offene Kuppel ermöglicht. Ein baulicher Tempel, in dem Potentaten der Politik und Götter menschlicher Projektionen einst ihre Bleibe hatten, ist zu einer Kirche transformiert wor-

Pantheon

den, in der das Kreuz der Christen aufgerichtet wurde. Keine Inkulturation als Anpassung, sondern eine Inspiration und Imagination, wie der Glaube der Christen über diese Welt hinausgeht. Viele Bauten in Rom zeugen von dieser Bewegung. Schaut man sie mit den Augen des Glaubens an, gewinnt man ein Verständnis dafür und geradezu eine Sehnsucht danach, dass diese Welt überhöht werden muss. Renaissance ist in diesem Sinn dann nicht nur ein Baustil oder eine Kunstepoche, die die Antike mit menschlichen Machtallüren zurückgewinnen und -bringen sollte.

Neugeboren zu werden, neu gestaltet zu werden, das ist Gabe und Gewissheit, die uns Christen in der Taufe auf den Tod und die Auferstehung Christi geschenkt worden ist. Christus als Gewand anzulegen, ist nicht äußerer Style, sondern ein innerer Stil, der bleibt, wenn Moden vergehen. Bauten, die bleiben, sind dann nicht Steine, die strotzen, sondern Werke, die verweisen. Oft finden sich an ihnen Bildnisse ihrer Baumeister. Dabei geht es nicht um das, was Menschen machen und schaffen können, sondern um jenes Bewusstsein, das der Epheserbrief in Erinnerung ruft: „Ihr seid (...) Mitbürger der Heiligen und Hausgenossen Gottes. Ihr seid auf das Fundament der Apostel und Propheten gebaut; der Eckstein ist Christus Jesus selbst. In ihm wird der ganze Bau zusammengehalten und wächst zu einem heiligen Tempel im Herrn. Durch ihn werdet auch ihr zu einer Wohnung Gottes im Geist miterbaut" (Eph 2,19–22).

Die Taufe, bei der wir im Zeichen des Kreuzes gesalbt wurden, hat uns – wie die Schrift sagt – zu Priestern, zu

Propheten und Königen gemacht. Es ist eine Würde, die Maß nimmt an Christus, dem König, dessen Reich nicht von dieser Welt ist, wohl aber diese Welt verwandeln will. Christkönig in Rom, das ist die Konfrontation mit einer Geschichte, die hier bis heute Gestalt hat. Sie lässt uns hier viel vom Anfang unserer Kirche verstehen. Mit den Augen des Glaubens darauf zu schauen, öffnet das Herz, um die Geister zu unterscheiden. Christkönig in der Liturgie, das ist der Thronsaal des Himmels in Kirchen, die zeigen, dass die Wahrheit schön ist und dass es Bilder braucht, die im Beten berühren. Christkönig am Kreuz, das ist nicht Kapitulation, sondern Kommunikation in der Liebe und Verheißung in dem Vertrauen: „Jesus, denk an mich, wenn du in dein Reich kommst" (Lk 23,42).

Santa Croce in Gerusalemme

Wegkreuzungen provozieren Orientierungen

Wohl keine Kirche Roms ist so nahe am Festgeheimnis von Christkönig wie Santa Croce in Gerusalemme. Unweit der Lateranbasilika mit ihrem eindrück-

Apsis und Altar der Basilika Santa Croce in Gerusalemme

lichen Baptisterium und jenen umliegenden Orten, die der Überlieferung nach an den Kreuzweg Jesu erinnern, bildet Santa Croce in besonderer Weise einen Schrein für die Leidenswerkzeuge Jesu.

Wer heute als Pilger nach Rom kommt, besucht diesen Ort bei der Siebenkirchenwallfahrt. Weil Santa Croce – wie der Name schon sagt – eine bedeutende Reliquie des Kreuzes Christi enthält, gehört neben den Besuchen im Petersdom, im Lateran, in Santa Maria Maggiore und in Sankt Paul vor den Mauern auch diese Kirche zum obligatorischen Programm der Wallfahrer. Hier schauen wir im Glauben auf Christus als den wahren König am Kreuz. Was in den Augen der Welt ein Zeichen für Kapitulation ist, wird im Glauben zum Schlüssel des Lebens.

Direkt neben dem Statussymbol römischer Macht, wie sie der Kaiserpalast des Lateran ursprünglich zum Ausdruck brachte, wird aus dem Haus der Helena schon im 4. Jahrhundert jene Kirche, die den Kontrast vermittelt. Und noch heute gibt in diesem Sinn der Seufzer des französischen Politikers und Diplomaten François-René de Chateaubriand (1768–1848) zu denken: „Welch eine Stätte, um mit dem Ehrgeiz Frieden zu schließen und die Eitelkeiten der Welt zu bedenken!"

Das Hochfest Christkönig am letzten Sonntag des Kirchenjahres stellt alle Eitelkeiten dieser Welt vor den Spiegel der Ewigkeit. Das Evangelium der eindrucksvollen Gerichtsszene bringt es auf den Punkt: „Was ihr für einen meiner geringsten Brüder getan – oder nicht getan – habt, das habt ihr mir getan – oder nicht getan"

(Mt 25,40.45). Mit anderen Worten: Was bleibt, wenn alles vergeht, ist allein die Liebe!

An nicht wenigen romanischen Kirchen in Italien und Frankreich sieht man im Tympanon – jenem Bildfeld über dem Hauptportal – ein Relief dieser Gerichtsszene. Der Introitus in eine Kirche wird gleichsam zur Gewissenserforschung. Eintreten in die Welt des Glaubens kann nur, wer im Leben Liebe gegeben hat. Für nichts in der Welt kann man sich das Leben nach dieser Welt kaufen.

Erst recht, wer hier in Rom in der Sixtinischen Kapelle vor dem riesigen Wandgemälde des Michelangelo steht und die Dramatik des Evangeliums vor Augen hat, kann sich der Ernsthaftigkeit dieser Botschaft nicht entziehen. Hier wählen die Kardinäle den Papst und sie sollen wissen, dass ihre Entscheidung nach der Lauterkeit ihrer Motive bemessen und bewertet wird. Liebe und Lauterkeit sind allein die Kriterien, die Ehrgeiz und Eitelkeit entlarven.

Das Wort des französischen Politikers macht bewusst, wie sehr die Bühne medialer Öffentlichkeit in Welt und Kirche zur Versuchung werden kann, dass Menschen den „king" spielen und sich auf seinen Thron setzen wollen. Dabei mahnt uns Christus als König am Kreuz gerade, jenem verhängnisvollen Ehrgeiz und jenen Eitelkeiten auf die Schliche zu kommen, die die Welt von oben und nicht von unten betrachten.

Dieses besondere Gedenken wurde seinerzeit in den kirchlichen Festkalender eingefügt, als vor gut hundert Jahren die Monarchien in Europa nach dem Ersten Weltkrieg zerfielen und sich für die Menschen umso dringlicher die Frage stellte: Was bleibt, wenn vermeintliche Sicherheiten und Gegebenheiten schwinden? Eine Frage, die sich auch heute in anderen Kontexten stellt. Wo sich Kirche und Gesellschaft wieder im Umbruch befinden, sind sie gut beraten, ein Dreifaches wieder in den Blick zu bekommen. Weil – schon sprichwörtlich – Hochmut vor dem Fall kommt, schaut die Gerichtsrede des Matthäus von unten.

Kreuze sind kritisch

Früher – noch mehr als heute – war es üblich, Kreuze in Wohnzimmern aufzuhängen. Der Herrgottswinkel in bayerischen Häusern ist immer noch ein Zeichen, das mindestens zu erkennen gibt, dass die Welt des Glaubens nicht weit entfernt ist von denen, die dort leben. Zugleich wird immer bewusster, dass Kreuze keine Dekoration sind. Sie sind kritisch im ureigensten Sinn des griechischen Wortes „krisis“. Sie begegnen dem Menschen oft erst in Krisen und zwingen ihn zur Entscheidung. Dann zu erkennen, was wir lassen müssen, um Neues annehmen zu können, bedeutet, aus Verlusten Gewinne zu ziehen.

Wer das persönlich erlebt hat, dem muss nicht angst und bange sein vor der Zukunft der Kirche; der ahnt und weiß: Erst, wo sie den Ehrgeiz und die Eitelkeiten dieser Welt hinter sich zu lassen vermag, wird sie Christus ähnlich und christusförmig. Präpotent – im Sinne der Welt – daherzukommen, ist gerade im Blick auf das Kreuz nicht kompetent. Eitelkeit entlarvt sich mit der Zeit dann oft mehr als Selbstzweck denn als gewagte und geschenkte Liebe.

Auch in der Kirche gilt: Wer auf den Beifall der Masse und Medien schielt, entfernt sich von Christus, dessen Königtum mehr darin besteht, anders zu sein und zu handeln, als die Welt es tut. Was zählt, sind nicht „likes", sondern Liebe! Wie das Kreuz im Leben immer kritisch ist, ist der Kontrast eher der Kontext, aus dem das Evangelium spricht. Dieses Gegenüber ist nicht gegensätzlich! Vielmehr will es zeigen, was allen verheißen ist. Christlicher Glaube denkt positiv – nicht exklusiv. Weder will er vereinnahmen, noch gleichgültig daherkommen. Synodal zu denken, bedeutet dann zuerst, im Kreuz das Komplementäre zu sehen und es nicht als Kopie der Welt zu verharmlosen oder zu verniedlichen – und damit passend zu machen. Daraus ergibt sich ein Zweites:

Kreuze sind chronisch

Sie stellen sich immer wieder in den Weg von glaubenden Menschen. Unsere Kirchengeschichte ist voll davon. Immer wieder haben Christen Zäsuren erlebt, die sie unter das Kreuz geführt haben. Zu allen Zeiten gab und wird es die Versuchung geben, mit Ehrgeiz zu reagieren und sich mit der Eitelkeit zu arrangieren. Dann ist es der König am Kreuz, der einen Strich durch diese Rechnung macht und einen anderen Horizont eröffnen will.

Mit ihm zu lassen, was uns lähmt, bedeutet, mit ihm zu finden, was uns befreit.

Heute sind es oft die Brüche in den Biografien, die Menschen herausfordern, sich neu dem Glauben zu stellen – oder ihn zu lassen. Wo die Welt von Konsekutiv-Beziehungen spricht, bringt der Glaube eher ins Wort, wie viel Leid mit dem Scheitern menschlicher Möglichkeiten einhergeht. Christus als König am Kreuz will die Wahrheit als Wunde offen halten, wo die Welt sie oft zuzukleben scheint.

Wo Kreuze chronisch sind, büßen sie nichts von ihrem Trost ein, wenn sie ausgehalten und hingehalten werden. Nur was wir geben, kann gewandelt werden. Was ist eindrucksvoller als eine Liebe, die auch leidet! Wo sich im Leben Kreuze aufbäumen, konfrontieren sie gerade mit Kontingenzen, die nach Orientierung rufen.

Gerade im Novembermonat, der neben dem Gedächtnis aller Vergänglichkeit und der Verstorbenen auch das Vermächtnis so vieler großer Heiliger in Erinnerung bringt, wird an ihnen deutlich: Je weniger Menschen mit ihren Fehlern und Schwächen in Berührung kommen, desto größer wird die Versuchung zum Ehrgeiz und zur Eitelkeit. Was die Heiligen gerade so attraktiv macht, ist, zu sehen, wie Kreuze in ihrem Leben immer chronisch waren – sie aber in einem Moment schließlich bereit waren, alles für den Einen zu geben. Sie illustrieren je auf ihre Weise die Wahrheit des Endgerichtes: Liebe, die gibt, wird zur Leidenschaft, die aufrichtet und damit ein Drittes bewusst macht:

Kreuze sind konstruktiv

Bei Besuchen in Zisterzienserklöstern, die in besonderer Weise das Andenken ihres Ordensgründers pflegen, fasziniert immer wieder die häufig anzutreffende Darstellung, wie sich der Hl. Bernhard mit beiden Händen Christus am Kreuz entgegenstreckt und der sich vom Kreuz löst, um den Heiligen aufzugreifen. Diese Szene hat in ihrer Dynamik etwas Dramatisches. Und darin vermittelt sie vor allem eines: Kreuze sind konstruktiv! Sie richten den auf, der darniederliegt. Bernhard, der zeit seines Lebens mit großen gesundheitlichen Problemen zu kämpfen hatte, fand in Christus den Halt, der ihn nicht aufgeben ließ, sondern stets aufs Neue motivierte, alles für den Einen zu geben.

Christus als König ist nicht der eiskalte Herrscher menschlicher Welten, sondern der, der mitfühlt in den Nöten der Menschen. So wie er sich Bernhard vom Kreuz her entgegenstreckt und ihn auffängt, hält er uns, wenn der Boden mit den eigenen Füßen nicht mehr zu spüren ist. In solchen Momenten zählen nicht mehr die Abundanz von Worten, keine Kopf-hoch-Parolen und kein eitles Geschwätz und Geschwafel unserer Sitzungen, sondern nur das eine: „Was ihr für einen meiner geringsten Brüder getan – oder nicht getan – habt, das habt ihr mir getan – oder nicht getan" (Mt 25,40.45). Das ist Mitfühlen und Mitleiden, Geben und Empfangen, Loslassen und Lieben. Der König am Kreuz zeigt Größe, indem er sich für die Menschen klein macht und zurücknimmt. Seine Majestät ist Misericordia!

Christkönig ist das Ende des Kirchenjahres und zugleich der Anfang in einem Glauben, der das Kreuz nicht negiert oder ignoriert. Es ist das Ende vermeintlicher Eitelkeiten, weil es der Anfang der Wahrhaftigkeit ist. Christkönig, das ist bleibender Trost, der die Tristesse ehrgeiziger Diesseitigkeit überwindet und in dieser Zuversicht beten lässt:

„O sei uns nah mit deinem Licht,
mit deiner reichen Gnade,
und wenn du kommst zu dem Gericht,
Christ, in dein Reich uns lade." (GL 375,4)

Das Pantheon

Loch in der Decke – Licht von oben

Es ist *die* große Attraktion für Pilger und Touristen zum Pfingstfest. Ganz in der Nähe zur Anima ereignet sie sich – jedes Jahr seit 2005 – am Fest des Heiligen Geistes. Dann regnet es rote Rosen durch das Loch in der Decke des Pantheons. Am Ende der Festmesse tanzen abertausende Blütenblätter durch die Luft und fallen auf die dicht gedrängt stehende Menge. Dazu singt der Chor den traditionellen Pfingsthymnus „Veni creator Spiritus ... Komm, Heilger Geist!"

Kuppel des Pantheon

Und draußen, auf dem Platz vor diesem so gewaltigen Bauwerk aus der Antike, sehen Besuchermassen, wie die römische Feuerwehr mit ihren Leiterwagen auf die Kuppel des Pantheons steigt, um säckeweise die Blüten durch das Loch in der Decke zu geben. Lange in Vergessenheit geraten, belebte ein süditalienischer Priester diese Tradition aus den ersten Jahrhunderten der Kirche.

Nachdem Kaiser Hadrian schon zu Beginn des 2. Jahrhunderts das Pantheon zu Ehren der vielen heidnischen Götter Roms errichten ließ, weihte Papst Bonifaz IV. im 7. Jahrhundert dieses besterhaltene Bauwerk der Antike dem Gott der Christen und es erhielt das Patronat der Gottesmutter. Seit dieser Zeit nahm der Papst am pfingstlichen Gottesdienst teil und zum Regen der Blüten, die die Herabkunft des Heiligen Geistes symbolisierten, verkündete er das Datum des nächsten Osterfestes.

Das kreisrunde Loch in der Decke als Blick in das Licht des Himmels – das ist noch heute eine Perspektive, die Menschen des Glaubens hier gewinnen können. Geradezu als ein architektonisches Alleinstellungsmerkmal prägt es einen Raum als Kugel. Innen ein Kreis von 34 Metern und darüber eine Kuppel von gleicher Höhe. An ihrem Scheitelpunkt öffnet sich das fast neun Meter weite sogenannte Opaion. Hier hat man die einzige Lichtquelle über einem perfekten Raum vor Augen. Hier wird antike Architektur zu christlicher Positur – erst recht, wenn es Rosen regnet. Bei allem, was Menschen so niederdrückt – die jahrelange Covid-Pandemie, die wir immer noch nicht loszuwerden scheinen, der schreckliche Krieg in der Ukraine und im Heiligen Land, auch die

Krisen in der Kirche –, gibt es so viele Gründe, den Kopf zu senken und fast nur noch das Dunkle zu sehen.

Christi Himmelfahrt und Pfingsten ziehen unseren Blick aber nach oben und lassen uns das Loch in der Decke als den Einfall des Geistes Gottes in einer Welt voller Gegensätze erhoffen. Wer sich einer Diktatur der Diesseitigkeit ergibt, kapituliert vor den Möglichkeiten Gottes. Wer in den Tiefen des Lebens den Blick nach oben bewahrt oder neu gewinnt, erfährt Trost. Vielleicht ist es auch das, was das Pantheon durch seine wechselvolle Geschichte so sprechend vermittelt. Hier steigt man beim Eintritt in die Tiefe der Antike, und in der Mitte angekommen, zieht es den Blick nach oben. Was Marcus Agrippa errichten ließ und ursprünglich den heidnischen Planetengottheiten geweiht war, wurde unter Papst Bonifaz IV. im Jahr 609 zu einer christlichen Kirche, indem er dort die Gebeine zahlreicher Märtyrer bestatten ließ. Was einst die Kuppel als Himmelsgewölbe mit dem offenen Loch als Einfall für die Sonne darstellen sollte, wurde zum Blick nach oben, der aus den Tiefen jeglicher Bedrängnisse erhebt. Hier kann man begreifen: Was Menschen machen, das vergeht; was Gott gibt, das bleibt.

In dieser Spannung stehen wir zwischen Christi Himmelfahrt und Pfingsten. Rosen rieseln hier, um zu zeigen, was von Gott kommt, und alle Schwerkraft der Erde zeigt, wo sich der Glaube zu bewähren hat. Wer das römische Pantheon betritt, hat damit immer ein Dreifaches vor Augen und schaut dabei auf den Geburtstag der Kirche.

Wind und Wetter trotzen

Christi Himmelfahrt führt die Jünger in Bethanien nach draußen. Um die Kirche, die heute dort daran erinnert, wirkt die Gegend eher unbehaust. Pfingsten ist ein Ereignis mit Sturm und Feuersgluten. Man sieht es dem Pantheon an, welcher Witterung es über die Jahrhunderte ausgesetzt war. Vielleicht sind es gerade diese Spuren, die der Kirche ihren besonderen Schmuck geben. So wie manche Stürme dem Bau über die Zeiten zugesetzt haben, erscheint auch die Fassade der Kirche – gerade in unseren Tagen – aufgeraut. Mancher fragt sich, ob es nur noch eine museale Replik ist. Aber wer hindurchschaut, sieht schon aus der Ferne auch die im goldenen Rahmen gefasste Ikone der Mutter Gottes. Sie ist mit den Frauen, den Jüngern und Brüdern Jesu im Abendmahlssaal versammelt (vgl. Apg 1,12–14), als alle den Heiligen Geist erwarten. Sie verweist als Mutter der Kirche auf das Wesentliche im Glauben. Sieht man beim Pantheon, wie es zu allen Zeiten Wind und Wetter trotzen musste, vermittelt sich, was der frühere Jesuitengeneral Pedro Arrupe einmal so ins Wort gebracht hat: „So nahe war uns der Herr vielleicht noch nie, weil wir noch nie so ungesichert waren."

Schon im Evangelium beschreibt der Sturm auf dem Meer (vgl. Mt 14,22–33) mehr von der Existenz der Kirche als die einer Lage im sicheren Hafen. Risse im Mauerwerk sind keine Reißleine, den Gefahren zu entfliehen, sondern Zeugnisse für das, was Menschen des Glaubens ausgehalten haben. So wie auch das Gesicht von Menschen, die auf hoher See im Sturm arbeiten, oft von solchen Wettern gegerbt erscheint, imprägniert österlicher Glaube vor der Angst, unterzugehen. Die Hornhaut der Seele ist nicht Gefühllosigkeit gegenüber den Rissen und dem Ringen, dem Menschen zu allen Zeiten ausgesetzt sind, sondern der innere Halt und die Zuversicht, dass Gott zu gegebener Zeit gibt, was wir brauchen.

Zwischen Christi Himmelfahrt und Pfingsten wird die Kirche mit dem österlichen Glauben imprägniert. Ungesichert und doch nicht unbehütet lernen wir, Wind und Wettern trotzen zu können, die uns bisweilen umzuwehen scheinen und die manchmal auch künstlich angefacht werden, um uns durcheinanderzuwirbeln. Pfingsten macht die Kirche zum Pionier österlicher Hoffnung in einer Welt, die „machen" will und doch lernen muss, „mehr" zu empfangen. Wer mit dieser Bereitschaft in den Raum des Glaubens eintritt, entdeckt ein Zweites:

Schmutzig und doch schön

Das ist der erste Blick, wenn man das Pantheon betreten hat. Es ist schmutzig – gerade dort, wo das Licht hinfällt. Wenn es regnet, bildet das Wasser eine Lache genau unter dem Loch, durch das man in den Himmel schaut. Am Boden sieht man die grünliche Patina, die hier mit den Intarsien der verschiedenen Marmorsteine verschmolzen scheint. Das sagt man auch von der Kirche: Sie ist schmutzig und doch schön! Wie bitter haben wir lernen müssen, dass das zu uns gehört!

Wie bedrückt hat Papst Benedikt XVI. schon vor vielen Jahren im Blick auf den Missbrauch in der Kirche festgestellt: „Müssen wir nicht auch daran denken, wie viel Christus in seiner Kirche selbst erleiden muss? (...) Wie viel Schmutz gibt es (auch) in der Kirche (...)?" Und er findet für den Kreuzweg am Kolosseum in Rom schon 2005 die Gebetsworte: „Herr, oft erscheint uns deine Kirche wie ein sinkendes Boot, das schon voll Wasser gelaufen und ganz leck ist. (...) Das verschmutzte Gewand und Gesicht deiner Kirche erschüttert uns. Aber wir selbst sind es doch, die sie verschmutzen. (...) Erbarme dich deiner Kirche: Auch mitten in ihr fällt Adam immer wieder." Zwischen Christi Himmelfahrt und Pfingsten aber lernen wir, neu nach oben zu schauen und den neuen Adam zu sehen, der aufsteht und auferstanden ist. Wenn in der Osternacht die Kirche im Exsultet von der „glücklichen Schuld" singen kann, dann kann sie zu Pfingsten auch beten:

„Komm, o du glückselig Licht,
fülle Herz und Angesicht,
dring bis auf der Seele Grund.

Ohne dein lebendig Wehn
kann im Menschen nichts bestehn,
kann nichts heil sein noch gesund." (GL 344)

Das ist begründeter Trost! Erst in der Umkehr wird der Glaube schön, weil er ehrlich wird. In diesem Freimut gewinnt die Kirche ihre Anmut, eine Schönheit, die auch die Augen für ein Drittes öffnet:

Platzhalter zwischen Podesten

Auch das sieht man im Pantheon. Da sind Podeste und Platzhalter, Denkmäler und leere Nischen, Erinnerungen an Herrscher wie Künstler und an die Gebeine von Märtyrern. Herausragend die Grabstätten der beiden italienischen Könige Viktor Emanuel II. und Umberto I. mit ihren Familien. Auch der große Renaissance-Künstler Raffael ist hier bestattet. Große Namen und viele Namenlose – und für jeden die Mahnung, nicht auf die Götter und Götzen dieser Welt zu setzen, sondern zu suchen, was droben ist. Die, die das getan haben und denen der Platz bei Gott mehr wert ist als die Podeste der Menschen, machen das Pantheon heute als Kirche der Christen so beredt. Von ihnen inspiriert, dürfen wir in der Kraft des Geistes Gottes auch annehmen, was der Schriftseller Gilbert Keith Chesterton einmal sagte: „Schon mehrfach sah es in der Geschichte danach aus, als sei der Glaube der Christen allem Anschein noch vor die Hunde gegangen. – Doch stets war es der Hund, der starb."

Zwischen Christi Himmelfahrt und Pfingsten lernen wir im Blick auf die Kirche: Äußeres ohne innere Seele hat keinen Bestand; es verläuft sich oder zerbricht. Wo österlicher Glaube mit dem Geist von Pfingsten beseelt wird, gibt es den Mut zum Profil, die Kraft zur eigenen Position und eine Anwaltschaft für das Loch in den Himmel. Gerade wenn es dadurch in das Pantheon hineinregnet und Wind und Wetter ihm scheinbar zu schaffen machen, wird anschaulich, was diese Kirche heute in

Erinnerung rufen kann und was der brasilianische Bischof Dom Helder Camara einmal gesagt hat: „Eine Wasserlache möchte ich sein, und den Himmel spiegeln!"

Zwischen Christi Himmelfahrt und Pfingsten werden Christen dorthin geholt, wo es gilt, dem Wind und Wetter der Zeiten zu trotzen, angesichts des Schmutzigen das Schöne zu ergreifen und zum Platzhalter für Gott zwischen den Podesten der Welt zu werden. Kirche ist und bleibt der Atemraum des Größeren. Und deshalb braucht es das Loch in den Himmel, um Luft von oben zu bekommen, um fähig zu werden zu einer „Kon-Spiration" in einer Welt, in der so vieles zum Ersticken ist. Wenn dann dort zum Pfingstfest Rosen rieseln, lenkt das nicht nur unseren Blick, sondern auch unsere Hoffnung und unser Herz in diesen Zeiten des Krieges und so vieler Krisen nach oben.

Wie Rosen dann in der Luft gleiten, vermitteln sie den sanften Hauch des Geistes Gottes. *Wo* Rosen den Raum füllen, benetzen und besetzen sie den Platz für die, die Profil und Position zeigen. *Weil* Rosen fallen, können wir aufstehen für eine Zukunft, die uns aus der Höhe, von Gott, entgegenkommt.

Santa Maria dell'Anima

Ein Adler mit zwei Köpfen

Wer in Italien nach Umbrien kommt, trifft auf eine Landschaft mit langer Geschichte und großen Gestalten. Der Hl. Benedikt und der Hl. Franziskus sind hier zuhause – in Norcia und Assisi. Bauten aus der Zeit der Etrusker und mittelalterliche Stadtbilder ergeben inspirierende Silhouetten. Große Filmemacher, wie Pier Paolo Pasolini, haben diese Landschaft geliebt und sich in ihren Werken davon anregen lassen.

Einer seiner bekannten Filme „Uccellacci e uccellini (Große Vögel – kleine Vögel)" spielt in Assisi und in Rom. Vor langer Zeit wurde der Film bei den Internationalen Festspielen in Cannes zum ersten Mal gezeigt; im Sommer 1966 kam er dann auch in Deutschland in die Kinos. Im Mittelpunkt der Handlung stehen zwei Menschen – Vater und Sohn. Marcellino – so der Name des Mannes – ist ein spießiger Kleinbürger. Er hat, was er für seine Familie und für sich braucht – nur keinen Horizont. Er hat sich in seiner Welt eingerichtet und diese enge Behaglichkeit möchte er sich nicht nehmen lassen. Als er eines Tages am Stadtrand von Rom unterwegs ist und sein ältester Sohn Ninetto ihn auf diesem längeren Fußweg begleitet, gesellt sich ein sprechender Rabe zu den beiden Wanderern und bietet sich als Weggenosse an. Hier greift Pasolini die Vogelpredigt des Poverello aus Assisi auf. Der Vogel erzählt ihnen die Geschichte vom Hl. Franz, als er im Jahr 1200 den Tieren so lange das Evangelium verkündete, bis sie nicht mehr übereinander herfielen und einander töteten.

Vater und Sohn lassen sich auf ihrem Weg gern von dem Raben unterhalten, aber sobald der Vogel persönlich wird und ihre zurechtgemachte kleinbürgerliche Welt in Frage stellt, wollen sie ihn nicht mehr hören. Als der Rabe schließlich nicht begreifen will, dass Marcellino und Ninetto keine Belehrung und erst recht keine Bekehrung wollen, drehen sie ihm einfach den Hals um und essen ihn auf. Ein brutales Ende. Der Vogel mit dem größeren Überblick und dem weiteren Horizont passt nicht in die Welt der Engstirnigen. Bei Pasolini geradezu defätistisch inszeniert – als Widerspruch zum Hl. Franz von Assisi. So wie der den Vögeln predigt, sprechen sie von ihm; von einer Leichtigkeit des Lebens, die es gerade in der Wachsamkeit des Glaubens gibt.

Aus dieser Freiheit spricht auch der Evangelist Johannes in seinem Evangelium (vgl. Joh 3,31): vom Geist, der von oben kommt; so wie Vögel in den Lüften leben, die Leichtigkeit lieben und Erde und Himmel verbinden. Im Bild dieser faszinierenden Beweglichkeit begreift die Kirche das Pfingstfest: in der Taube. Im Bild des Adlers sieht die Kirche diesen Evangelisten mit seiner Botschaft. Immer geht es um das eine: die Luft der Leichtigkeit zu lieben und darin zu leben, Flügel zu bekommen und Freiheit zu finden.

Adler mit zwei Köpfen, Kirche Santa Maria dell'Anima

Auch wer das Kolleg der Anima durch den Haupteingang betritt, begegnet dem Bild des Adlers, des Königs der Lüfte – und hier gleich mit zwei Köpfen. Historische Reminiszenzen überbieten hier die Natur. Der einstige Machtanspruch auf West- und Ostrom sowie die spätere Umdeutung im Habsburger Wappen auf die österreichische Doppelmonarchie kommen hier ebenso in Erinnerung, wie das Bild heute vor allem den Schutz der Seelen zum Ausdruck bringen will. Der Adler der Anima hat auf seinem Schild das Bildnis der Mutter Gottes. Es zeigt sie mit ihrem Sohn; an ihrer Seite Menschen, die Hilfe suchen und schutzbedürftig sind. Theologische Interpretationen relativieren hier Geschichte. Das Gefieder des Vogels und der Mantel Marias haben hier den gleichen Saum. Pastorale Konsequenzen prägen das Leben unter solchen Flügeln. Über dem Portal der Anima steht in Stein geschrieben: „Xenodochium Beatae Mariae de Anima. Pauperum Peregrinorum Germanorum. Sustentationi Extructum (Herberge Beatae Mariae de Anima. Gebaut zur Unterstützung armer deutscher Pilger)." Die Sorge für die Fremden und die Unterstützung der Pilger sind die Früchte des Geistes einer Gastfreundschaft, die unseren Glauben prägt. Man ahnt gleich, wie aktuell dieses Wort über der Türe ist, wo in Europa gegenwärtig so viele Türen ins Schloss fallen.

Im Anblick dieser verschiedenen Bilder kommt die Frage auf: Wie geht das zusammen: eine Faszination für Vögel und das Fliegen, eine Sensibilität für ihre Perspektive und Provokation sowie ein Patronat mit Flügeln, das Protektion zeigt? An Pfingsten, dem Fest der Kirche, kulminieren die uralte und stets neue Sehnsucht des Menschen, sich selbst zu übersteigen, der Enge zu entkommen, in der Menschen – wie die Figuren Pasolinis – flügellahm werden. Pfingsten gibt unserem österlichen Glauben ein Gefieder von Größe und Getragensein. Das ist die dreifache Faszination dieses Festes im Bild der Flügel:

Mit Gottes Geist aufsteigen und erhöht werden

Einen Adler aufsteigen zu sehen, hat etwas Majestätisches. So wie er sein Gefieder ausspannt und Höhe gewinnt, das fasziniert uns Menschen. Nach oben zu kommen, das ist ein Wunsch, der in jedem schlummert. Aber, wo ist oben? Dort, wo die Welt hinblickt – oder dort, wo das Evangelium hinschaut? Kein Evangelist spricht so oft vom Geist aus der Höhe wie der im Zeichen des Adlers: Johannes. Aber diese Höhe ist nicht Karriere, nicht eine Position, von der alles „top down" zu bestimmen wäre. Im Johannesevangelium ist der Geist aus der Höhe jene Kraft, die die Tiefen Gottes ergründet. Der Beistand, den der Vater senden wird, macht vertraut mit dem Ort, wo Jesus gestanden hat: ganz unten. Von hier kommen seine Worte im Evangelium: „Und ich, wenn ich über die Erde erhöht bin, werde alle zu mir ziehen" (Joh 12,32). Diese Höhe ist Passion; Mitfühlen, Mitleiden und Mitgehen bei allen, die am Boden zerstört sind. Mit Gottes Geist aufsteigen und erhöht werden, ist eine Bewegung, von der der Hl. Bernhard von Clairvaux sagt: „Das Kreuz ist für Christen eine Hilfe der Art wie Flügel für Vögel: Sie tragen nach oben."

Pfingsten sagt uns: Glauben geht nicht von oben herab. Gottes Geist kommt von innen. Er deckt auf, was äußerlich ist. Er heilt, was verwundet ist; er tröstet, wo Traurigkeit niederdrückt. Im Heiligen Geist kommt der Mensch wieder nach oben, wenn Menschen einander fallen lassen. Gott gibt in seinem Geist die Gabe, die Schwerkraft des Diesseits zu überwinden, die den Menschen nach unten ziehen will. Viel ist heutzutage auch die Rede davon, dass wir eine neue Kultur des Dialogs, der Verständigung und des Respektes brauchen. Wo Worte übereinander zu Waffen gegeneinander werden, wo es in sozialen Netzwerken und andernorts scheinbar eine Lust an der Lädierung anderer gibt, machen Menschen einander herunter.

Pfingsten hebt uns in eine andere Dimension. Gottes Geist gibt eine Leichtigkeit, über den Dingen zu stehen. Er schenkt den Blick von oben, der mehr sehen lässt, als die Meinungen von Menschen zulassen. Pfingsten sagt uns: Der Blick auf das Ganze macht frei. Auf der Höhe des Glaubens gibt es die Gnade des Großmutes, einer Gelassenheit, die geben und vergeben kann. Pfingsten bringt den Menschen in die Vogelperspektive des Glaubens. Das ist der Horizont einer Hoffnung, die diese Erde übersteigt, und die Gewissheit der Güte, dass mit Gott mehr zu sehen ist, als Menschen wahrhaben wollen. Und es ist auch die Bereitschaft, sich von oben etwas sagen zu lassen, um Bekehrung zu finden und der Verstockung zu entgehen, der Marcellino und Ninetto in Pasolinis Film erliegen. Pfingsten schenkt den Aufstieg der Seele, wo Ostern den Menschen ganz unten abgeholt hat. Aus Liebe, Leiden und Läuterung gelangt der Mensch in die Lüfte einer Leichtigkeit, die eine zweite Faszination vermitteln:

Vom Windschatten des Geistes getragen werden

Es ist ein Wunder der Natur, zu sehen, wie Vögel das Fliegen lernen. Zu beobachten, wie die Eltern ihr Junges aus dem Nest stoßen, mutet auf den ersten Blick befremdlich an. Dass dieser Fall aber notwendig ist, damit der junge Vogel Höhe gewinnt, begreift der Beobachter erst, wenn er sieht, wie Thermik tragen kann.

Schon die Bibel spricht davon, „wie ein Adler sein Nest ausführt und über seinen Jungen schwebt, seine Schwingen ausbreitet, eines von ihnen aufnimmt und es auf seinem Gefieder trägt" (Dtn 32,11). Diese Worte aus dem Buch Deuteronomium verweisen auf eine Erfahrung des Glaubens, die Gottes Heiliger Geist uns schenkt. Wo Menschen Schweres durchgemacht haben und später gefragt werden, wie sie all das durchgestanden haben, geben Glaubende öfter zur Antwort, dass es die Gebete und das Gedenken der anderen waren, die sie getragen haben. Beten ist immer ein Bedenken und Bitten im Heiligen Geist. Alle Gebete der Kirche finden ihre Zusammenfassung und Zuspitzung in der Anrufung des dreifaltigen Gottes. Das ist keine leere Floskel oder steife Formel, sondern Vertrauen und Vermittlung zwischen Himmel und Erde.

So wie der Vogel im Erlernen des Fliegens sich den Eltern und ihren ausgebreiteten Flügeln anvertraut, überlässt sich der Mensch im Beten ganz Gott. Die Freiheit, flügge zu sein, gibt es im Windschatten des Heiligen Geistes. Er trägt, wo wir ihm trauen. Er hält, wo wir uns lassen. Die Thermik des Trostes besteht in dieser alten Weisheit: „Nichts ist schwer, sind wir nur leicht!" Sprichwörtlich sagen wir, dass Beten Flügel verleiht. Wo das Gefieder des Glaubens so ausgespannt ist, dass Menschen sich mit ihren Sorgen darunterbegeben können, kommt es zu jener Freiheit, die der Hl. Don Bosco bezeugt, wenn er sagt: „Halte dich fest an Gott. Mache es wie der Vogel, der nicht aufhört zu singen, auch wenn der Ast bricht. Denn er weiß, dass er Flügel hat."

Pfingsten ist Wind mit Schatten, eine Thermik, die trägt und tröstet, eine Zusage aus der Höhe, die Zuversicht weckt. Der Beter in Psalm 63 ist in diese Sphären vorgedrungen. Seine Worte sind wie ein Wind des Auftriebs: „Ja, du wurdest meine Hilfe, ich juble im Schatten deiner Flügel" (Ps 63,8). Unter diesen Schwingen kann das Leben ganz neu in Schwung kommen, wenn wir einer dritten Faszination Raum geben:

Aus dem Geist wiedergeboren und erneuert werden

Der Traum der Menschen von der ewigen Jugend ist uralt. Was wird nicht alles unternommen, um diesen äußeren Schein zu pflegen? Ohne Falten und Flecken möchte der Mensch dastehen und auf den Bildern, die uns in der Werbung umgeben, sehen wir ihn nur so. Diese Versuchung, uns selbst aufzuhübschen, verfolgt uns auch als Kirche. Wo sie in die Jahre gekommen ist, wünschen sich manche eine Verjüngungskur, mit der man als Kirche dann nach außen besser dasteht. Sie passend zu machen, bedeutet aber noch nicht, dass sie lebendiger wird. Nicht der Anstrich, sondern der Anfang macht sie jung.

Pfingsten ist der Geburtstag der Kirche. In diesem Fest sind wir an ihrem Anfang; dort, wo Maria mit den Aposteln im Abendmahlssaal versammelt ist (vgl. Apg 1,12–14); dort, wo Menschen in so vielen Sprachen und Kulturen plötzlich einander verstehen können. Wer sich an den Anfang der Kirche begibt, wird erleben, was der Psalmist verheißt: „wie dem Adler wird dir die Jugend erneuert" (Ps 103,5). Im Bild begreift die Bibel die ständige Erneuerung des Gefieders beim Adler als eine Verjüngung, die man nicht selbst machen kann. Wirkliche Jugend kommt von innen. Sie ist ein Geschenk des Heiligen Geistes, ein Hauch von Ursprünglichkeit. „Aus dem Geist geboren" (Joh 3,6) zu sein, ist nach dem Zeugnis des Johannesevangeliums eine Jugend, die nicht vergeht, die sich bisweilen erst im Alter authentisch vermittelt. Es ist eine Reife, von der wir sagen, dass die Seele umso jünger wird, je näher sie Gott kommt.

So wie Pfingsten uns an den Anfang der Kirche holt, werden wir in die Begeisterung geführt, selbst Anfänger zu bleiben. Den Anfang der Kirche zu lieben, kann darüber hinweghelfen, wo und wenn wir an ihr leiden. Es ist ein Trost, der aus Treue kommt, und ein Ziel, das über Zeiten geht, wo Zukunft genommen scheint. Pfingsten schenkt die Ausdauer, Anfänger zu bleiben, wo in Kirche und Welt einmal Gewonnenes als Zerronnenes erscheint. In diesem Sinne bewegt ein Wort des Hl. Augustinus, das in den Fenstern des Refektoriums der Anima zu lesen ist: „Quantum quisque amat ecclesiam Christi, tantum habet spiritum sanctum. (In dem Maße, wie jemand die Kirche liebt, hat er den Heiligen Geist.)" Die Kirche zu lieben bedeutet, täglich aus ihrem Anfang zu leben und zu sehen, wie sich das Gefieder des Glaubens erneuert, wo Menschen vom Leben gerupft werden. So wächst ein Ansehen unabhängig vom Aussehen, eine Jugend unabhängig vom Alter, eine innere Stärke unabhängig vom äußeren Style.

Das traurige Ende in Pasolinis Film „Uccellacci e uccellini" zeigt, wohin der Mensch kommt, wenn er sich nichts mehr vom Himmel her sagen lassen möchte; wenn diese Welt verschlossen wird und Menschen sich nur im Eigenen einrichten. Pfingsten bricht solche Enge auf. Pfingsten wirbt für das Wort und die Weisheit des Propheten Jesaja: „Die aber auf den HERRN hoffen, empfangen neue Kraft, wie Adlern wachsen ihnen Flügel" (Jes 40,31). Pfingsten gibt unserem Glauben dieses dreifache Gefieder: aufzusteigen und erhöht zu werden, vom Windschatten des Heiligen Geistes getragen zu sein und eine Jugendfrische zu finden, die bleibt.

Wer die Anima von der anderen Seite betritt, kommt zuerst in diese wunderschöne Kirche. Im Blickfang des Altarraums begegnet oben im Hochaltar wieder der doppelköpfige Adler mit dem Bild der Gottesmutter. Seine Flügel sind gleichsam ihr Mantel. Darunter geborgen und damit getragen feiern wir den Glauben der Kirche – im Obergemach der Apostelgeschichte, im Abendmahlssaal, wo Lasten leichter werden, wenn wir uns dem Gefieder des Geistes überlassen.

Santa Maria in Cosmedin

Mund der Wahrheit – Mut zum Wort – Maß im Wesen

Seitdem – nach der Covid-Pandemie – wieder die Touristen und Pilger nach Rom kommen, sind sie an manchen Orten geballt zu sehen. Dort, wo Attraktionen von sich reden machen, wollen sie mit eigenen Augen sehen und mit den Händen anfassen, was sie von Bildern kennen. So auch vor der Kirche Santa Maria in Cos-

„Mund der Wahrheit", Basilika Santa Maria in Cosmedin

medin – ganz in der Nähe des Tiberufers und des Circus Maximus. Dabei ist es weniger die kunstgeschichtlich so bedeutende Architektur und Ausgestaltung dieses Gotteshauses, sondern die Ausstattung der Vorhalle mit dem weltberühmten „Mund der Wahrheit", der „Bocca della Verità", die die Menschen so sehr anzieht. Bei ihm handelt es sich mit 1,65 Meter Durchmesser um eine riesige Marmorscheibe mit dem Relief eines bärtigen Männerkopfes, der fünf Löcher für Augen, Nase und Mund hat. Ob die mehr als 2000 Jahre alte Scheibe einst zu einem Altar des benachbarten Herkulestempels gehört hat oder gar ein profaner Kanaldeckel war, der einst einen Wasserlauf zu Ehren des heidnischen Flussgottes Triton von oben begehbar machte, ist ungeklärt.

Vielmehr ist es der Volksglaube der Spätantike, der sich in der „Bocca della Verità" manifestierte und diesen „Mund der Wahrheit" bis heute so sehr von sich sprechen lässt. Demnach solle man die Schwurhand unbeschadet in die Mundöffnung der Scheibe legen können, wenn man die Wahrheit sagt. Wenn aber eine Lüge ausgesprochen werde, würde – der Überlieferung nach – die Hand nicht mehr freigegeben. Was heute Touristen so heiter und unbesorgt ausprobieren wollen, verweist eigentlich auf eine zweifelhafte Weise menschlicher Kommunikation. Sagen wir auch, was wir denken – und meinen wir auch, was wir von uns geben? Wie viel Kommunikation – auch in der Kirche – ist dadurch gestört, dass ein ehrliches Sprechen nicht möglich scheint, in dem stehen bleiben darf, was geteilt wurde, ohne das bestehende Lager zu vereinnahmen oder auszuschließen?

Pfingsten ist das große österliche Sprachwunder. Plötzlich verstehen Menschen einander, die sich vorher fremd waren. Pfingsten als der Anfang der Kirche ist die Geburt einer Sprache, in der jedes erste Wort Freude weckt, wie wenn ein Kind zu sprechen beginnt. Erneuerung im Glauben beginnt wie das Erlernen einer Sprache. Da sind Laute, die zu Wörtern werden, und irgendwann muss die Grammatik dazukommen, damit ganze Sätze entstehen können. Es ist der Blick auf die Lippen der Mutter, der das Kind zur Nachahmung bewegt. Wo dann die Fähigkeit zum Ausdruck wächst, bildet sich die Motivation, mehr zu hören und mehr zu sagen. O-Töne im Glauben wie im Leben haben den Charme, echt zu sein. Wo die Rede von Reformen aber mehr darin zu bestehen scheint, andere auf die eigene Seite zu ziehen, macht Sprache die andere Seite stumm.

Für Christen ist der „Mund der Wahrheit" nicht ein Loch, in das man seine Hand steckt, um gleichsam einen Lügendetektor zu umfassen, sondern der Blick auf den Anfang und die Stimmigkeit der Kirche im Staunen darüber, wie sie so an Pfingsten sprechen gelernt hat, dass die Apostelgeschichte sagen kann: „Alle wurden vom Heiligen Geist erfüllt und begannen, in anderen Sprachen zu reden, wie es der Geist ihnen eingab" (Apg 2,4), um dann zu fragen: „Wieso kann sie jeder von uns in seiner Muttersprache hören (...), [wie] sie in unseren Sprachen Gottes große Taten verkünden" (Apg 2,8.11)? Der Geburtstag der Kirche ist das Gebet – keine Kakophonie von streitenden Meinungen, sondern eine Symphonie von Sprachen und eine Harmonie von Tönen, die zusammenpassen und -klingen. Der „Mund der Wahrheit" ist nicht das Wagnis, seine Hand aufs Spiel zu setzen, sondern das Herz sprechen zu lassen. Im Blick auf die „Bocca della Verità" geht es darum, sich auf dreifache Weise auszustrecken, um in eine Kommunikation zu finden, die Communio des Glaubens spiegelt und nicht politische Debatten abbildet.

Tasten, wie sich Wahrheit anfühlt

Jeder weiß: Die Wahrheit kann man nicht ergreifen, wo man fast magisch die Hand in einen Schlund gibt und Menschen mehr einer Masse folgen, die sich vor Santa Maria in Cosmedin über diesen Hokuspokus amüsiert.

Dass man aber sehr wohl die Wahrheit erspüren kann, ahnen wir alle – spätestens dann und dort, wo wir ihr begegnen. Es sind weniger die Hände und vielmehr das Herz, das erspürt, was stimmig ist. Man vernimmt es sogar an der Stimme eines Menschen, aus welchen Motiven er spricht. Wer ertasten will, wie sich Wahrheit anfühlt, gewinnt ein Gespür für das, was authentisch ist. Direkt übersetzt bedeutet dieser oft so abgenutzt gebrauchte Begriff: „im Wortlaut verbürgt, den Tatsachen entsprechend und damit glaubwürdig". Man merkt es Menschen an, was sie nur meinen und was sie wirklich sagen. Wahrheit in der Kommunikation lässt sich nicht machen und schon gar nicht verordnen. Nicht Strukturen stützen sie, sondern sie ist die Gabe eines lauteren Gebetes. Gottes Geist bewirkt ein Sprechen, das stimmig ist und bleibt – auch und gerade, wo viele Sprachen wie in der Musik eine Symphonie in Harmonie ermöglichen. Nur so kann der Mensch leben und so kommt die Kirche an Pfingsten zur Welt. Ihr Geburtstag im Sprachwunder ist nicht Lust an einer Kritik, die in Sprachverwirrung mündet, sondern der Geist einer Stimmigkeit, die sucht und pflegt, was verbindet.

Vielleicht kann in diesem Sinn die bekannte Erzählung von einem Schüler, der aufgeregt zu seinem philosophischen Lehrer Sokrates kommt, bewusst machen, was der Kirche gegeben ist und wie sie in der Versuchung steht, das bisweilen aus dem Blick zu verlieren: „He, Sokrates", ruft da einer, „hast du gehört, was dein Freund getan hat? Das muss ich dir gleich erzählen." „Moment mal", unterbrach ihn der Weise. „Hast du das, was du mir sagen willst, durch die drei Siebe gesiebt?" „Drei Siebe?", fragte der andere voller Verwunderung. „Ja, mein Lieber, drei Siebe. Lass uns sehen, ob das, was du mir zu sagen hast, durch die drei Siebe hindurchgeht. Das erste Sieb ist die Wahrheit. Hast du alles, was du mir erzählen willst, geprüft, ob es wahr ist?" „Nein, ich hörte es irgendwo und ..." „So, so! Aber sicher hast du es mit dem zweiten Sieb geprüft. Es ist das Sieb der Güte. Ist das, was du mir erzählen willst – wenn es schon nicht als wahr erwiesen ist –, so doch wenigstens gut?" Zögernd sagte der andere: „Nein, das nicht, im Gegenteil ..." „Aha!", unterbrach Sokrates. „So lass uns auch das dritte Sieb noch anwenden und lass uns fragen, ob es notwendig ist, mir das zu erzählen, was dich erregt."

„Notwendig nun gerade nicht ..." „Also", lächelte der Weise, „wenn das, was du mir erzählen willst, weder erwiesenermaßen wahr, noch gut, noch notwendig ist, so lass es begraben sein und belaste dich und mich nicht damit!" Diese Weisheit ist auch Weisung im Glauben. Eine synodale Kirche ist in der Spur von Pfingsten eine siebende Kirche. Nicht die Hand hinter dem Rücken oder im verborgenen Schlund, sondern das Herz auf der Zunge, die runterzuschlucken weiß, was nicht wahr, gut und notwendig ist, gibt die Freiheit für ein Zweites:

Hören, was sich im Schweigen birgt

Ich erinnere mich an eine Begebenheit, die uns der Spiritual vor vielen Jahren im Priesterseminar mitgab. Er hatte eine kirchliche Gemeinschaft besucht und wurde anschließend von denen, die ihn dorthin geführt hatten und ihm diese Gruppe vorstellen wollten, nach seinem Eindruck gefragt. Seine Antwort klang schon damals für uns ernüchternd und entlarvend: „Laute Gesichter, laute Gesichter!" Wo Menschen und auch die Kirche im Lärm des Alltags stehen, droht mit der Zeit die Schwerhörigkeit zuzunehmen. Wo auch in Diskussionen um den künftigen Kurs der Kirche der eine den anderen noch übertönen will, ergibt sich daraus noch lange nicht, dass er oder sie Recht hat.

Pfingsten begründet ein Hören auf das, was sich im Schweigen birgt, und ein Schweigen dort, wo Worte verhallen und vergeblich scheinen. Jedes Jahr begegnet in der Passion der Karwoche dieser so schlichte Satz aus dem Verhör des Herrn vor dem Hohenpriester: „Jesus aber schwieg" (Mt 26,63). Das ist mehr als das sprichwörtliche „Reden ist Silber, Schweigen ist Gold". Das Schweigen Jesu ist ein Hören nach innen, auf den Geist, der mit Pfingsten nach außen tritt. Zu ergründen, was zwischen den Zeilen zu lesen ist, was Glaubende – wie Maria – im Herzen bewahren, verweist nicht selten auf den wahren „thesaurus ecclesiae", den Schatz der Kirche. Schweigen bewahrt vor Redundanz und Rechthaberei. Das Sprachwunder von Pfingsten kommt aus dieser Kontemplation und es bewirkt eine Konzentration auf das, was wesentlich ist. Hier setzt die Weisung eines Angelus Silesius ein, die der Wegsuche der Kirche einen so wertvollen Rat geben kann: „Mensch, werde wesentlich!" Wer die vielen Stimmen in der Muttersprache seines Glaubens hören kann (vgl. Apg 2,6.8), kommt aus dem Schweigen und gewinnt Gottes Geist für ein Drittes:

Ansprechen, was Mut kostet und Mut macht

Aus einem beredten Schweigen heraustreten, können nur die, die wirklich etwas zu sagen haben. Man merkt es Worten an, ob sie aus dem Schweigen einer Bedrängnis kommen, die Bewährung bewirkt hat. Was Mut gekostet hat, kann in diesem Sinn anderen Mut machen. Es waren die Semester des biblischen Studiums, als der Professor für das Alte Testament – ein Experte für die Schriften der Propheten – den markanten Satz mitgab: „Sie studieren, um fähig zu werden für eine Kritik an der Kritik!" Wie dringend brauchen Kirche und Welt in dieser Zeit diesen Freimut, nicht als Verweigerung eines Wandels, wohl aber als Freiheit von oktroyierten Meinungen. Anzusprechen, was zu sagen ist, besteht nicht in einer Performance, sich zu Wort zu melden, um dann gut dazustehen in Medien und gemachten Meinungen – wohl aber in dem Profil, zu argumentieren aus dem, was sich im gelebten Glauben und im geschenkten Geist vermittelt hat.

Pfingsten gibt der Kirche diesen Freimut, und wie sehr braucht doch die Welt in der Sprachverwirrung der Gesellschaften, in den jetzt wieder aufflackernden Kriegen im Nahen Osten, der Heimat Jesu, in der Ukraine und nach der so erschöpfenden Pandemie dieses Sprachwunder des Anfangs! Ansprechen, was Mut kostet und anderen Mut macht, kann nur, wer mit Gott spricht. Das ist der Ursprung von Pfingsten und die Nagelprobe aller kirchlichen Kommunikation. Man merkt es schnell, ob und wie die, die über Gott sprechen, auch mit ihm sprechen!

Neben dem römischen Event der „Bocca della Verità" kennt man in Italien auch einen sprichwörtlichen Wunsch, der sich für deutsche Ohren zunächst etwas fremd und verwunderlich anhören mag: „In bocca al lupo!" Was landläufig als Wunsch vor Prüfungen oder besonderen Herausforderungen mit „Viel Glück" übersetzt wird, meint wörtlich, „im Mund des Wolfes zu sein".

Die verbreitete Antwort darauf klingt schon eindeutiger: „Crepi il lupo." Dass „der Wolf krepieren möge", wird dann zum Ausdruck für die Eindeutigkeit zu obsiegen, die man sich erhofft. Worte wollen Klarheit, damit sie Wahrheit bewirken können. Drum herumzureden, mag bisweilen gefälliger wirken, lässt dann aber fragen, wes Geistes Kind der ist, der so spricht. Echter Glaube ist Wahrheit im Schweigen, Hören im Vertrauen und Sprechen in der Gewissheit, dass im Geist Gottes mehr gegeben ist als in den Mündern dieser Welt. Pfingsten ist die bleibende „Bocca della Verità", aus der spricht, was wir im Lied besingen und bezeugen:

> „Der Geist des Herrn erweckt den Geist in Sehern und Propheten,
> der das Erbarmen Gottes weist und Heil in tiefsten Nöten.
> Seht, aus der Nacht Verheißung blüht;
> die Hoffnung hebt sich wie ein Lied und jubelt: Halleluja." (GL 347,2)

Der Campo Santo

Ein Friedhof als Vorhof

Diesen Eindruck gewinnt man, wenn man den Campo Santo durch die zweiflügelige Gittertür von Sankt Peter aus betritt. Seine wechselvolle Geschichte in der Nähe des Petrusgrabes erzählt von vielen Veränderungen, die in seiner äußeren Gestalt stattgefunden haben. Einst als Ruhestätte für Pilger, die nach langer und mühsamer Wallfahrt in Rom verstarben, gedacht, sollte er für Reiche wie für Arme gerade zur Schwelle des ewigen Lebens werden. Unterschiede in der Bestattungskultur, die nicht selten auch von pekuniären Möglichkeiten abhingen, bedingten schließlich im 16. Jahrhundert die Einfriedung des Areals durch eine Mauer, um gerade herumstreunenden Wölfen und Hunden den Zugang zu versperren und der Leichenfledderei so Einhalt zu gebieten. Bis heute liest sich das „Who's who" der auf diesem Friedhof bestatteten Personen wie ein Verzeichnis von Persönlichkeiten aus Politik, Kunst und Kultur, Malerei und Poesie, die hier neben unzählig vielen Namenlosen in einstigen Massengräbern dieselbe Erwartung des ewigen Lebens teilen. Was namhafte Stifter und Unterstützer deutscher und flämischer Herkunft einst dem Campo Santo ermöglichten, ist zu hier einem sichtbaren Zentrum und Vermächtnis dessen geworden. Was auf Erden begonnen wurde, kann seine Vervollkomm-

Campo Santo Teutonica im Vatikan

CAMPO SANTO TE
ÄLTESTE DEUTSCHE NATIONALSTIFTUN
TET AUF DEM GELÄNDE DES NERONIS
ERLITTEN IM JAHRE 67 CHRISTEN DA
"SCHOLA FRANCORUM" 799 ERSTMALS ER
SICH DIE STIFTUNG IM BESITZ EINER
DETEN ERZBRUDERSCHAFT. DEREN MIT
AUS DEM DEUTSCHSPRACHIGEN UND
FLÄMISCHEN KULTURBEREICH UND BES
BEGRÄBNISRECHT. DIE KIRCHE WUR
SCHMERZHAFTEN MUTTERGOTTES GEW
BEFINDEN SICH IN DEN ANSCHLIESSENDE
WISSENSCHAFTLICHES PRIESTERKOLLEG
DAS RÖMISCHE INSTITUT DER GÖRRES

nung aber erst vom Himmel her erfahren. Was hier in wohlgestalteten Bildern und Denkmälern zu sehen ist, soll als Hinweis auf das hin verstanden werden, was allen, die hier ruhen, im Glauben verheißen ist. Unter den hohen Zypressen vermittelt sich hier gerade im Schatten heißer Sommertage etwas vom inneren Gehalt, der diesen Friedhof eigentlich ausmacht. Drei Aspekte können dem Pilger hier bewusst werden:

Wo der Tod seinen Ort hat

Die Worte des jungen Vaters klangen zwar sehr nachdenklich, aber nicht verzweifelt. Es waren schon einige Wochen vergangen, seitdem der kleine Junge verstorben war. Die Eltern hatten Tag und Nacht seine Atemnot und den häufigen Einbruch seines Kreislaufes miterlitten. Sie mussten mit der Zeit erleben, wie alle Hoffnungen auf eine medizinische Rettung und zuletzt insgeheim auf ein Wunder zunichtewurden. Dann kam der Abschied von ihrem Kind, das sie sich so gewünscht hatten. Es war ein schwerer Gang und doch nicht ohne Trost. Vielleicht meinte der Vater das, als er sagte: „Im Angesicht des Todes unseres Sohnes habe ich die Angst vor dem eigenen Tod verloren."

Der Tod hat sein eigenes Aussehen, seinen eigenen Geruch, seine erschreckende Lautlosigkeit. Alledem begegnen wir auf dem Friedhof. Für viele gehört der Tod in die dunkle Jahreszeit, in den November. Das Gedenken der Toten beginnt in dem vorletzten Monat des Jahres mit dem Allerseelentag und es folgen weitere Tage des Gedächtnisses derjenigen, die eines natürlichen oder eines gewaltsamen Todes gestorben sind. Volkstrauertag und Totensonntag setzen in unserer Gesellschaft und im liturgischen Kalender der evangelischen Christen die Kette des Gedenkens fort. Jeder Gang zum Friedhof konfrontiert uns mit der Vergänglichkeit unseres eigenen Lebens. So wie mancher sich schwertut, die Schwelle eines Krankenhauses zu übertreten, weil das dort Sichtbare immer auch auf eine Seite des Lebens verweist, vor der wir uns fürchten, befällt uns gerade auf einem Friedhof das Erschrecken vor dem eigenen Tod.

Wo man ihm nicht mehr ausweichen kann, weil er Menschen in unserer Nähe ereilt oder als versteckter Bote in einer schweren Krankheit steckt, muss sich der Mensch dieser Wirklichkeit des Lebens stellen. Erfahrungen und Worte, die in der Begegnung mit dem Tod gesammelt werden, lassen aufhorchen. Sie haben in der Regel keine Schnörkel, weil dafür die Situation viel zu ernst ist. Was sagt man an offenen Gräbern?

Wenn der Friedhof mit der Endlichkeit konfrontiert

Beim Blick in die Bibel fällt auf, wie viele Schriftworte des Alten und Neuen Testamentes an der Zäsur des Todes entstanden sind. In der Auseinandersetzung mit der schmerzlichen Endlichkeit des Lebens bringt der Glaube im Buch der Weisheit Worte hervor, die im Angesicht des Todes errungen und geschenkt wurden: „Gott hat den Tod nicht gemacht und keine Freude am Untergang der Lebenden. Zum Dasein hat er alles geschaffen und heilbringend sind die Geschöpfe der Welt. Kein Gift des Verderbens ist in ihnen, das Reich der Unterwelt hat keine Macht auf der Erde; denn die Gerechtigkeit ist unsterblich" (Weis 1,13–15).

Als Entstehungsort dieser Verse wird die Weltstadt Alexandrien in Ägypten vermutet in der Wende vom 2. zum 1. Jahrhundert vor Christus. Es sind vor allem griechisch sprechende Juden, die gerne und immer wieder in diesem jüngsten Buch des Alten Testamentes gelesen haben. Sie finden sich mit ihren Fragen in dieser Literatur wieder. Was bleibt vom Leben eines Menschen, wenn es plötzlich und unerwartet ein abruptes Ende findet? Worin besteht der Sinn des Lebens angesichts seiner Vergänglichkeit? Diese Fragen halten den Menschen in Atem, bis er den Odem aushaucht. Was ist dann, wenn der Spiegel nicht mehr beschlägt, wenn das Ringen nach Luft der Ergebung in die Ruhe weicht?

Der Verfasser dieser Denk- und Werbeschrift der Weisheit hat zwei Adressaten im Blick. Einmal sind es die Glaubenden. Sie kennen die Antwort Gottes auf die Herausforderung des Todes und doch nehmen sie sich erst in der Krise Gottes Verheißung des Lebens zu Herzen. Sie sollen in der Traurigkeit über den scheinbaren Verlust ermutigt werden und erfahren: „Gott hat den Tod nicht gemacht und er hat keine Freude am Untergang der Lebenden. Zum Dasein hat er alles geschaffen und heilbringend sind die Geschöpfe der Welt." Von

Gott her geht das Leben weiter. Es läuft nicht ins Leere. Zum anderen wohnen in dieser Weltstadt des Orients viele, die den Gottesglauben verloren haben. Für sie ist mit dem Tod alles aus und sie wollen deshalb das Leben hemmungslos genießen.

Das Buch der Weisheit will solche Lebensirrtümer aufdecken. Es versteht den Tod als den Ernstfall eines Glaubens, der trägt, und als Unterbrechung eines Lebenstrotts, die zur Umkehr führen will. Die doppelte Absicht dieser Verse ist der Kern einer Hoffnung stiftenden Verkündigung. Es geht um Ermutigung und Trost, aber auch um Wachsamkeit und Umkehr. Der Tod ist nicht das Ende des Lebens; der Tod wird zur Botschaft, das wahre Leben zu sehen. Weil Gott alles zum Dasein geschaffen hat, wird der Tod zum Tor des Lebens, zu einem Durchgang, der wie der Geburtskanal am Anfang des menschlichen Lebens durchschritten werden muss.

Wie der Gottesacker zum Lebensfeld wird

Der Campo Santo ist ein „heiliges Feld"! Diese wörtliche Übersetzung ist eine Inhaltsangabe. Lichter, die hier auf Gräbern entzündet werden, sind Ausdruck von Hoffnung und Zukunft. Ewiges Wiedersehen beginnt hier. Auch wenn die äußeren Umstände eines Allerseelentags den Tod auf den ersten Blick dunkel erscheinen lassen: Die nasskalte Jahreszeit im Novembermonat mit ihrer früh einsetzenden Abenddämmerung macht die vielen kleinen Lichter auf den Gräbern aber auch zum friedlichen Zeichen einer entflammten Sehnsucht nach ewigem Leben. Die flackernden Kerzen sind Ausdruck von Verbundenheit mit den Verstorbenen. Sie sind zugleich ein Bekenntnis, dass der Glaube jenes Licht trägt, das den Weg durch allen Tod ausleuchtet.

In der Geschichte waren die Friedhöfe ursprünglich als Immunitätszone um die Kirchen angeordnet. Mancherorts ist diese sichtbar schöne Verbundenheit von Verstorbenen und Lebenden erhalten geblieben. Vor und nach der Eucharistiefeier besuchen die Angehörigen die Gräber ihrer Verstorbenen und machen sich und anderen bewusst, dass die Feier unseres Glaubens Lebende und Tote vereint. Erst die Epidemien des 19. Jahrhunderts gaben vielerorts Anlass zur Verlegung der Friedhöfe außerhalb eines Dorfes oder einer Stadt, wovor der Campo Santo verschont wurde. In dieser Zeit blieb auch der Brauch erhalten, die Toten so beizusetzen, dass sie im Liegen nach Osten schauten. Die Frömmigkeit verband damit die Vorstellung, dass die Verstorbenen bei der Auferweckung am Jüngsten Tag gleich auf Christus, die aufgehende Sonne des Heils, schauen sollten.

Wo die kleinen Lichter unseres Gedenkens und Gebetes für die Verstorbenen den Weg ausleuchten, auf dem uns der Auferstandene entgegenkommt, verliert der Tod sein erschreckendes Dunkel. Am Grab eines lieben Verstorbenen zu stehen, wird im Blick auf Jesus Christus zur Einladung und Ermutigung, tiefer zu schauen. Ihn vor Augen zu haben, lässt den Abgrund eines Grabes als den Ort einer keimenden Hoffnung betrachten. So wird der Gottesacker zum Lebensfeld.

Der Dichter Kurt Marti hat diesen Perspektivenwechsel am Grab – von der Angst vor dem Tod zum Vertrauen auf das österliche Leben – in eigene Worte gebracht:

„ein grab greift tiefer
als die gräber gruben
denn ungeheuer ist
der vorsprung tod
am tiefsten greift
das grab, das selbst den tod begrub
denn ungeheurer
ist der vorsprung leben"

Via Appia Antica

Ausblick: Nach Hause kommen – Heimkehr als Umkehr

Anders nach Hause zu kommen, als man zur Wallfahrt nach Rom aufgebrochen ist, bleibt das Ziel eines wirklichen Pilgerweges. Dass das Herz gewandelt wird durch das, was die Beine erlaufen und die Augen gesehen haben, vermag eine katechetische Annäherung an die Geschichte unseres Glaubens zu erreichen. Dass Gegenwart wird und sich Zukunft erschließt aus dem, was schon in der Vergangenheit Menschen getragen hat, kann geistlich möglich werden, wo der Leib in eine ganzheitliche Bewegung kommt.

Wie wäre es, wenn wir so zuhause ankommen dürften und sehen könnten, wo wir bleiben wollen? Menschen Heimat zu verwehren, ist eine der brutalsten Methoden, um sie orientierungslos und gefügig zu machen. Wir erleben es derzeit wieder und fühlen mit, wenn sie als Folge der Kriege zur Flucht gezwungen werden. Wir können uns kaum vorstellen, wie ihnen zumute ist, wenn sie in kurzer Zeit das Nötigste, das sie bei sich tragen können, packen müssen, um dann vertrieben zu werden. Und wir sehen derzeit in der Ukraine und im Gaza-Gebiet, wie das ist, wenn sie einfach wieder nach Hause wollen, um zu sehen, was von ihrem Haus noch geblieben ist.

In der Zeit nach dem Zweiten Weltkrieg waren Flüchtlingsschicksale bei uns lange sehr präsent, und wenn die, die es erlitten hatten, immer wieder davon erzählten – oder auch angesichts der Gewalt, die sie erlebt hatten nicht davon sprechen konnten –, wurde bewusst, welches Trauma bleibt, wenn die Heimat genommen wird. Und umgekehrt: Zu welchem Einsatz und zu welcher Kraftanstrengung sind Menschen fähig, wenn sie wissen: Es geht nach Hause! Wenn man schon im Tierreich beobachten kann, dass das Bauen eines Nestes Ausdruck von Zufriedenheit und Gesundheit ist – wie viel mehr gilt dann für den Menschen ein Recht auf Heimat und auf ein Zuhause.

Damit beginnt das Neue Testament. Es formuliert keinen Anspruch auf materielle Behaglichkeit, wohl aber auf menschliche Beheimatung. Um nach Hause zu finden, brauchen wir eine Wegweisung, die mehr ist als ein Hinweisschild. Der Maler Matthias Grünewald hat im Isenheimer Altarbild in Colmar auf tiefe Weise zum Ausdruck gebracht, worum es geht. Da sieht man Johannes den Täufer mit einem übergroßen Finger, der auf das Lamm zeigt, das sich hingibt und mit dem er den Vers des Evangeliums illustriert: „Seht, das Lamm Gottes!" (Joh 1,36). Ihm, Christus, zu folgen, ist mehr, als ein

Dach über dem Kopf zu finden. Es ist eine Beheimatung, die innerlich wächst und zu einem lebenslangen Weg der Nachfolge werden will. In ihm findet der Mensch ein Obdach für die Seele, das zur Nachtherberge werden will – gerade dann, wenn Dunkelheit und Kälte das Leben so unbehaust und obdachlos erscheinen lassen.

Weil aber die Seele im Leib wohnt, brauchen wir Heim und Heimat, die sich zugleich in ihrem Ausdruck und in ihrer Bildgestaltung abheben von oberflächlichem „trash" oder selbstverliebtem Ästhetizismus. Wer die Wohnung eines Menschen sieht, weiß schnell, was ihn umtreibt. In das persönliche Lebensumfeld anderer eingeladen zu werden, gilt als eine besondere Auszeichnung von gewachsener Nähe und Wertschätzung. Sich dort „in die Karten schauen zu lassen", ist eine Freiheit, die ansteckt und sich zur Nachahmung empfiehlt. Das reizt die Jünger und so nähern sie sich Jesus in dreifacher Weise.

Fragen, um zu finden

Rabbi, Meister, wo wohnst du?" (Joh 1,38b) Mit dieser Frage beginnt der Weg der Jünger. Ihnen geht es darum, „mehr" und „anderes" zu entdecken als das, was Menschen gewöhnlich zufriedenstellt. Sie hoffen darauf, nicht draußen vor der Tür stehen bleiben zu müssen, sondern hereingebeten zu werden. Teilhaben zu dürfen an dem, was den Lebensraum anderer auch für uns bergend macht, ist nicht ein „room sharing" im

Brücke über den Tiber

oberflächlichen Sinn, sondern Verweis auf das, was bleibt, wenn alles vergeht. So kann das Interieur einer Wohnung zum Indikator einer Innerlichkeit werden, die eine Antwort gibt auf die große Suche des Lebens nach einem echten Zuhause.

Wer so fragt, findet Persönlichkeiten, in denen Räume leben, und nicht Räume, die von Menschen aufgelassen werden, wenn sich die Moden ändern. Unser Glaube beginnt mit Fragen und nur der findet Antworten, der nicht müde wird, zu fragen. Sich mit vorschnellen Auskünften zu begnügen, die zunächst behaglich scheinen, aber nicht beheimaten, ist nicht der Weg der ersten Jünger. Sie wollen mehr. Es ist die Dynamik ihrer Fragen, die größere Räume eröffnet. Fragen, um zu finden, führt in einen Glauben, der sicher nicht alles weiß, der aber ausreicht, um wirklich zu vertrauen. Das gilt es allem voran zu lernen und es lässt uns eine zweite Dimension dieses Evangeliums entdecken:

Suchen, um zu sehen

Jesus selbst ruft die ersten Jünger in diese Richtung. Noch zögern sie und sind doch bereit, alles zu verlassen, was bisher ihren Alltag als Fischer ausmachte. Sie suchen den Mehrwert und sind auch bereit, als Minderheit davon zu sprechen und zu bezeugen – wenn sie gesehen haben. Was vor ihren Augen aufscheint, will in ihren Herzen neue Einsichten wecken. Hier kommt es vom Sehen zum Schauen.

Blick in die Kuppel von Sankt Peter

Jesu lädt die Jünger ein: „Kommt und seht!" (Joh 1,39). Das bringt sie buchstäblich in Bewegung. Berufungen leben immer von der Ansprache, dass mir jemand etwas zutraut, was ich selbst nicht für möglich halte, und etwas in mir sieht, was ich noch nicht erkennen kann. So wie der Mensch durch die Taufe sehend wird für Gott, lernt er mit seinen Augen auf das Leben zu schauen und in allem mehr zu sehen, als auf den ersten Blick zu haben ist. In Gott zu wohnen, bedeutet, im Evangelium zuhause zu sein – nicht draußen vor der Tür zu stehen, sondern sich in der Innerlichkeit willkommen zu wissen. Eine Synodalität, die nur von außen auf die Kirche schaut, sieht nicht ihren inneren Gehalt. Von hier aus auf die Krisen und Konflikte zu schauen, verhilft zu einer anderen Komplementarität und lässt ein Drittes in den Blick kommen:

Wohnen, um zu bleiben

Da kamen sie mit und sahen, wo er wohnte, und blieben jenen Tag bei ihm" (Joh 1,39). Beim Herrn anzukommen, weckt das Bedürfnis, bei ihm zu bleiben. Wo Jesus wohnt, besteht die Bedeutung der Dinge, die uns umgeben, nicht in ihrem materiellen Wert, sondern in ihrem Verweischarakter. Der Philipperbrief lenkt unseren Blick in diese Richtung: „Unsere Heimat ist im Himmel. Von dorther erwarten wir auch Jesus Christus, den Herrn, als Retter" (Phil 3,20). Wohnen, um zu bleiben – das ist kein Hausen, um etwas zu haben. Bleiben, um zu bergen, das ist, wozu Andreas dann seinen Bruder Petrus bringt: „Er führte ihn zu Jesus" (Joh 1,42).

Diese Bewegung entspricht dem griechischen Wort für bleiben – „diameno". Unser Wort für „Diamant" klingt darin nach. Von seiner physischen Substanz aus betrachtet, handelt es sich um Kohlenstaub, der sich in Millionen von Jahren abgelagert hat und dabei zu einem der festesten Materialien gereift ist, die wir überhaupt kennen. Aber erst wenn man ihn schleift, wird er zu jenem funkelnden Juwel, das uns so sehr in seinen Bann zieht. Wohnen, um zu bleiben, ist in diesem Sinn eine Heimat, die kostbarer wird, je länger sie währt. Sie setzt Materielles voraus, um Ideelles darin zu sehen.

Fragen, um zu finden, suchen, um zu sehen, und wohnen, um zu bleiben, sind drei Schritte einer lebenslangen Bewegung zum Glauben. Wer sie geht, bleibt nicht „draußen vor der Tür", sondern horcht – und hört auf jeder Schwelle: „Komm und sieh!" (Joh 1,39). So kommen Pilger wirklich nach Hause.

Das ist der tiefere Sinn und die Einladung, die dieser katechetische Begleiter vermitteln will: Anders heimzukommen, als man nach Rom aufgebrochen ist, weil sich in der gewagten Umkehr eine bleibende Heimkehr vermittelt.

Statue des Apostels Petrus vor dem Petersdom

Bildnachweis
Umschlag: U-Bahn-Plan: © obelicks – stock.adobe.com; Stadtplan: © ATAC S.p.A. Azienda per la mobilità; Rückseite: ©HMS – stock.adobe.com; Autorenfoto: © Stephan Kölliker, Ruswil (Schweiz); S. 14: © kbarzycki – stock.adobe.com; S. 22: © Art media Factory – stock.adobe.com; S. 28/29: © f11photo – stock.adobe.com; S. 50/51: © Noppasinw – stock.adobe.com; S. 58/59: © Blickfang – stock.adobe.com; S. 73: © tilialucida – stock.adobe.com; S. 84/85: © gianniarmano – stock.adobe.com; S. 90/91: © Mapics – stock.adobe.com; S. 98: © Edda Dupree – stock.adobe.com; S. 104, 105, 166/167: Dnalor 01 – Wikimedia.org; S. 110, 111: Berthold Werner – Wikimedia.org; S. 114/115: © tutye – stock.adobe.com; S. 126/127: © sborisov – stock.adobe.com; S. 140: © Mateusz-Kuca – stock.adobe.com; S. 164/165: © dimamoroz – stock.adobe.com; S. 170: Triptychon – Wikimedia.org; S. 188/189: © Photo London UK – stock.adobe.com; S. 195: © TTstudio – stock.adobe; S. 198: © D.L.PHOTOBRIDGE – stock.adobe.com; S. 206/207: © Luciano Mortula-LGM – stock.adobe.com; S. 217: © e55evu – stock.adobe.com; S. 226: © Thomas – stock.adobe.com; S. 244: © Julius Fekete – stock.adobe.com; S. 248/249: © Kaesler Media – stock.adobe.com; S. 251: © Adamustoc – adobe.com; S. 254/255: © HMS – stock.adobe.com; alle weiteren Fotos: © Carla Morselli, Rom und Elvir Tabacović

Bibliografische Information der Deutschen Nationalbibliothek
Die Deutsche Nationalbibliothek verzeichnet diese Publikation in der Deutschen Nationalbibliografie; detaillierte bibliografische Daten sind im Internet über http://dnb.d-nb.de abrufbar.

Das Gesamtprogramm von
Butzon & Bercker finden Sie
im Internet unter www.bube.de

ISBN 978-3-7666-2603-5

Umschlagfoto: Carla Morselli, Rom
Umschlaggestaltung: Tanja Manden, Kevelaer
Layout und Satz: Finken & Bumiller, Stuttgart